津沽通衢海大道

章用秀 著

中国人民政治协商会议
天津市河西区委员会 编

海河西岸记忆丛书

天津社会科学院出版社

图书在版编目(CIP)数据

津沽通衢海大道 / 章用秀著. -- 天津 : 天津社会科学院出版社, 2018.12
(海河西岸记忆丛书)
ISBN 978-7-5563-0534-6

Ⅰ. ①津… Ⅱ. ①章… Ⅲ. ①城市交通运输—交通运输史—天津 Ⅳ. ①F572.89

中国版本图书馆 CIP 数据核字(2018)第 288880 号

津沽通衢海大道
JINGU TONGQU HAIDADAO

出版发行: 天津社会科学院出版社
出 版 人: 张博
地　　址: 天津市南开区迎水道 7 号
邮　　编: 300191
电话/传真: (022) 23360165 (总编室)
(022) 23075303 (发行科)
网　　址: www.tass-tj.org.cn
印　　刷: 北京建宏印刷有限公司

开　　本: 880×1230　毫米　1/32
印　　张: 6.5
字　　数: 80 千字
版　　次: 2018 年 12 月第 1 版　2018 年 12 月第 1 次印刷
定　　价: 58.00 元

序

杨大辛

我与河西区可以说凝结了深厚的乡土情缘。1925年2月我出生于河西区(当时称特一区)三义庄宝德里,此其一;1952年5月我定居河西区(当时称第六区)福建路,从先严至后辈子孙四代人先后在此居住,此其二;1978年6月政府安排我到市政协主持文史资料的编辑出版工作,从而与河西区政协文史资料委员会始终保持协作关系,在我离休后个人依旧与区政协文史委长期往来联系至今,此其三。回顾我这一生虽然历尽坎坷却始终勤奋敬业,得以在编史修志事业方面有所成就,心安理得。我在河西区居留六十余载,可以说这里是我安身立命之"福地"。

河西区政协的文史工作,多年来始终与时俱进,成绩斐然。近日获悉,正在着手汇编《海河西岸记忆丛书》,涉及有关海河西岸的历史变迁、风土民俗、名人逸事等诸多方面史料,工程浩繁,目前正在紧张编写中。未读书稿,何以评说?得悉各册撰稿人如章用秀、张绍祖、金彭育、尹树鹏、齐珏诸君,都是相识多年的老朋友,他们治学严谨,文笔流畅,各自完成精心制作,当可期待耳!

河西区政协李耀进主席嘱为此丛书写篇序言。我虽已挂笔数载，承蒙如此厚爱，情不可却，遂信笔谈了以上几点感知，聊以复命，不成体统，尚祈谅宥为盼。是为序。

2018年8月

河西历史文化概论

尹树鹏

河西区被人们亲切地称作海河西岸。她以自己悠久的历史和丰富的文化内涵在天津地区做出了独特的贡献。将她的历史文化写出来、讲出来会让河西人充满信心地实现中国梦。

河西的由来

天津是海河及其支流孕育出的城市，到清代老城以外的居民聚落，都沿河而成，还都形成了有名有姓的村庄。随着城市的发展和人口的增加，它们逐渐融合在一起，成为我们现在的成片社区。天津中心城区最早的地名是金代坐落在三岔河口地区的直沽寨。到元代改称海津镇，在三岔河口及其下游建立了漕运管理的中枢，即大、小直沽。1282年全部改为海上漕运后，大型海船从南方沿海绕过山东半岛，进入渤海湾，沿海河口到大直沽停泊。此地宽阔的河面上聚集着大吨位的漕船，为加强管理，海河下游成为漕运大动脉。直沽南部地区河面宽，两岸阔地多，故形成大码头被叫作大直沽。北部的三岔河口一带，河汊多、水面窄，被叫作小直沽。大直沽遂成为海漕的中枢。到元代延祐年间，大直沽已成为保障元大都粮米供应、海路漕运的终点码头。也最先成为天津地区海河岸边第一个行政中心。明代胡文璧写道："元统四海，东南贡赋集刘家港，由海道上直沽，达燕都。舟车悠会聚落始繁。有官观、有接运厅、有临清户府……"先有大直沽后有天津卫，这是历史事实。河对岸却叫小刘庄，似乎两者没有什么历史渊源，一块出土的墓碑将两个村庄联系了起来。

1954年在浦口桥出土了一块黄溥的墓志，碑文上刻有："奉柩于静海县大直沽河西祖茔之次。"黄溥是卒于1520年的天津左卫指挥，是明代天津早期的高级军官。这个墓碑再次直接证明了河西的小刘庄地区和河东的大直沽地区是一个整体，只是当时尚未独立。还证明了小刘庄地区的村落形成于元代，远早于其他形成于明清时期的村落。不是《津门保甲图说》标明的清代村庄。《津门保甲图说》是天津官方首次对天津县全境村落进行户籍调查所做的图示文字说明，它只是现状调查，其价值是用图示表明了当时各村落的相对位置，为研究村落在道光年间的状况有了精确记述。但要追述各村来历尚要有以前文献进行考证，绝不能根据"图说"而认为它们都是道光年间形成村落。天津官渡修建的文献也说明了小刘庄早在明朝之前就是村落的依据。明万历十六年(1588)天津兵备道查志隆命天津三卫经历司造渡船，设渡口八处，其中就有大直沽渡口，这是八个官渡口之一。西岸正是小刘庄村，与它相连的诸多村庄都没设官渡，说明大直沽西岸与东岸繁荣同步。之所以不提出小刘庄村名仍然是将两岸当作一个整体村子来看。而后西岸逐渐发达壮大，有了独立资格，以村中大户刘姓为村名也自然了。小刘庄的“小”并不是规模小而是和大直沽的“大”相对应。村中建了关帝庙就是村子独立的象征。1923年刘庄大街东口所建牌坊上面镌刻的“刘庄大街”四字为大直沽的书法家李学曾所书,也说明了二村斩不断的社会关系。各时期的地图都绘出小刘庄大街和大直沽中街隔河相望，所以在海河西岸众多村落中,小刘庄早在元代就出现了,在明代其规模和繁荣程度都大于其他沿河村庄。在清代独立后有了小刘庄村名。它就是河西地最早的村落,是海河西岸向城市化发展的原点。

海河西岸北国江南水乡的原生态

海河平原地势低洼,海拔仅3~5米。流水不畅,使海河的河道成为羊肠状。大小河套在环抱处产生了相对应的环水高地——沽。沽给人们在岸边水旁生活创造了条件。河西地区因处于海河上游河道弯曲最多的地段，就成为古代海河沿河村落分布最密集的地区。早在宋代已有三女寨(现灰堆一带),元代沿河居民开始增多。到明代有名有姓的村庄已很多了。1404年(明永乐二年)三岔河口建城设卫,城的北门与东门外很快繁荣。到1902年又向东北方向开辟新河北地区推行新政,天津城市化的过程基本完成。河西地区距老城较远,没有参与天津旧有商业带和文化带的发展，而是以独特的原生态农耕区成为起点并以天津农耕文化的源头成分融入天津市区。1404年明王朝在下令设卫的同时又下令在天津屯田，到后期已成高潮。

明万历二十六年(1598)官员汪应蛟经过观察分析认为，海河沿岸土地非常肥沃，但无水则碱，得水则润，若挖沟筑埝定成膏腴。他亲自组织开垦了贺家围、何家围(现上下河圈一带)等十围屯田。其中何家围就是十字围中距天津城最近的一围。到天启年间，左光斗又将屯田与办学结合，安排卢观象增垦4围屯田。现河西地区的陈堂庄(现陈塘庄)、土城、东西尖山、何家圈(现上下河圈)、寇家口(现贺家口)等村落已是鸡犬相闻，鱼蟹举网、风景依稀，绝似江南。这次在贺家口以南共垦出良田3000亩。清康熙四十三年(1704)天津总兵蓝理又在城南开垦水田近200顷。河渠圩岸周数十里，其范围北从马家口，南到贺家口，西至八里台，东到海河边，全是水田漠漠，十里稻香。改变了以前城南水乡泽国没有人烟的状况。完成了农业区域向北推进与城南连成一体，到雍正五年(1727)贺家口地区已出现2~3穗的水稻变异品种。清代诗人姚承丰写道："十字围，获早稻，车戽声中波浩浩。七十二沽云水乡，半是捕鱼不插秧。"汪司农，蓝总戎，能以人力夺天工，二千余亩分田界，葛沽以北白塘东。秋色红莲稻花吐，直使斥卤成膏土。吁嗟乎，十字围，非小补而后。卫青萝卜在小刘庄已育成优良品种，佟楼地区出现了奶牛、蛋鸡养殖业，河西地区成为天津新型农业的代表。其农耕生态景观一直延续到1900年前后。这种多水的田园风光使贺家口引河沿岸出现了众多的私人园林，如：桃园、蔡家花园、丁家花园、倪家花园等，成为天津南部最宜休闲的地区。

现代工业强区的形成与发展

19世纪是西方工业文明的青年时代，科学技术快速推进了社会的繁荣和经济实力。1860年天津被迫开埠，遂成为京畿地区吸纳工业文明的首座城市。工业建设率先在海河西岸驻足，这是因为海河东岸多为储盐的盐坨分布区，与城里又隔河相阻，而海河西岸河堤以外多坑塘荒地，地价极贱，与城里又畅通无阻。此时的货物运输以水运为主，海河西岸就成了修建码头的理想区域。吸引了最早一批民族实业家在此投资建厂。其代表是：中国第一家机制面粉加工厂——“贻来牟”。贻来牟在紫竹林庙宇以南，轮船招商局码头区域内建成，清光绪四年(1878)十一月二十一日上海《申报》对此进行了报道与点评：“机器制造创于泰西而效行于中国。五年以前，粤东购有织布及轧花机器两架，华人耳目为之一新。天津麦面盛行，今秋又有宁人购来磨面机器一座，在紫竹林招商局下开张磨坊，名曰‘贻来牟机器磨坊’……”出面极多且面色纯白，与用牛磨者迥然不同，现已远近驰名。又报其每年可获利六七千两白银。其创办人即为招商局会办朱其昂。

1884年，在与英美租界毗邻的海大道一带，广东人罗三佑创办了德泰铁工厂为船舶、矿业提供修配服务。1886年，以制作小型铁质器具为主的万顺铁工厂也相继出现。这一年汇丰银行买办吴懋鼎相约中外股东购地64亩在河西贺家口建成天津最早的大型火柴厂——天津自来火公司。之所以在这建厂也是因为运输制造火柴用的优质木材便利，到1900年以前海河西岸就已成为天津民族工业最为集中的区域。该地区是天津近代工业的重要发祥地，天津第一家火柴厂“天津自来火公司”、天津最早够规模的现代化地毯厂“玉顺永”率先在此区域建成，并带动了周边形成了地毯厂集中区片，使该地区成为中国地毯的摇篮。1918年建成的“裕元纱厂”是天津规模最大的纺纱厂。天津最早的内燃机厂、最大的制革厂和印刷设备始终领先的天津印刷厂也都诞生在该地区。其中建在小刘庄海河边的裕元纱厂由王郅隆、倪嗣冲等人集资556万元，是天津当时规模最大、获利最丰、实力最雄厚的纺织纱厂，开近代天津大型纱厂之先河。它生产的14支优质棉纱织成的五福牌白布成为市场品牌。天津市民将老五福白布和三桃面粉作为保值的商品，它们的价格长期是天津市场物价指数的标准。

德国早在1895年就获得了1034亩的河西租界地，但没有开发，到1900年以后又向东向南扩展到4200亩，市政建设才逐步展开，并切入了德国的先进工业。1903年在穆姆路(现徐州道)建成德华印字馆，后改为北洋印字馆。备有当时世界最先进的海德堡印刷机，是天津印刷技术最先进的印刷厂。它能承担油印、铅印、胶印和印制精美的各种带照片的广告，为天津印刷工业的发展起了引领的作用。此时的德租界已有了经济的初步繁荣，德国人起士林与巴德尔创办了起士林西点铺，而起士林本人曾担任过德皇威廉二世（改为“远洋轮船上”)的厨师，他做的西点引起了天津中西各界人士的青睐。也是西方食品工业在天津的最早雏形。

1908年3月，津浦铁路北段开工，因起始站尚未定址先从良王庄修起，为卸下德国水运来的铁路器材和机车部件先在沿河陈塘庄修建码头和站场。因此津浦铁路所属的机车修配车间在此落成。建设了车、钳、铸、锻、焊等各种一流设备，而后发展成津浦铁路局附属的机车修配厂——津浦大厂。它是天津第一个大型机械厂。1914 年第一次世界大战期间为天津民族工业发展提供了一次空间。因取水、排水和水运方便，1918 年在小刘庄附近沿河地带建成“裕元纺织股份有限公司”。该厂资本为 560 万元，织布机 1000 台，纺织能力为 75000 纱锭。工人最多时达 6000 人，每年产棉纱 54000 包，棉布 641982 匹，是天津乃至我国北方最大的纺织企业。1921 年在挂甲寺附近又建成“北洋商业第一纺织股份有限公司”。其资本 300 万元，纺织能力 28000 纱锭，工人 1600 人，年产棉纱 20000 包。河西沿岸成为天津南部纺织工业带。

在 1900 年以后河西地区又诞生了一个为中国创汇达一个多世纪的地毯工业。先是先农公司在德租界大沽路建立的洗毛厂，用机械洗整羊毛。其西南方又建有武齐洗毛厂。小刘庄、谦德庄、三义庄和马场道以南区域的众多家庭妇女都在家手纺毛线，为地毯工业提供原料。到 1916 年天津有地毯厂 13 家，织机 398 架，而后快速发展。到 1926 年天津地毯出口已占全国地毯出口额的 79.4%，够规模、产量大、质量优的地毯厂绝大部分集中在河西地区。其中有名的是：美资“乾昌地毯厂”是天津最大的地毯厂。它的出现激发了中国民族地毯业的崛起，1926 年张庆林在徐州道建成“庆生恒”地毯厂并亲自携带翻译到美国进行商务考察和推销产品。在美期间，与新伙伴瑞海公司签订了 4 万平方米的地毯合同并吸纳了美国的先进洗、染、织等技术。成为中资化学染色、化学水洗，具有独立出口权的第一家中资地毯厂。其余像仁立地毯厂、东方地毯厂、玉顺永地毯厂、大丰地毯厂、渤海地毯染织厂等众多地毯厂家都集中在河西地区。据外贸统计，下瓦房及周边地区织毯工人及为他们纺毛线的家庭妇女和专业工人在1938到1939年期间有十万多人。创造了巨额外汇。为以后的地毯工业打下江山，成为中国现代地毯业的摇篮和基地。

1928年以后天津社会形势比较平稳，河西地区工业稳步发展。利津铁厂、同兴利铁厂等十几家小型重工业厂家相继建成。当时所用的车床、电机、锻炉等设备已很先进。而规模更小的机械、铸造、纺织等小工厂在小刘庄以北沿河地带大规模的出现。

日本经济侵华的战略催生了日资在河西大规模建厂

早在1898年日本已在英法租界西北部抢得日租界，但在《天津日本租界条款》附带了许多隐秘的阴谋。一为扩大租界创造条件，二是将德租界以南小刘庄附近200亩地划归日本专用码头用地。遂经中国政府交涉，土地收回但码头设施日本仍然掌控。1931年“九一八事变”后，日本利用中国华北政局混乱之际强行在河西地区兼并中资企业和建立日资企业。1936年收买了裕元纱厂。1936年至1945年在该地区建立了规模大、设备新的工厂22个。其中有华北地区最大的现代化造纸厂——东洋制纸工业株式会社，即后来的天津造纸总厂。维新化学株式会社、上海纺织株式会社天津工场、协和印刷厂、满蒙毛织株式会社天津第一工场、兴亚钢业株式会社等工厂。这些企业利用中国的资源和廉价劳动力掘取大量利润，挤垮了中国的民族工业。

抗日战争胜利后，国民政府经济部和资源委员会将日伪财产收为国有。此时河西区首次担当了新天津的工业区，而后依照天津市工业布局规划进行了大规模的工业建设。首先对私营工业进行社会主义改造，1952年全区有私营工厂900多家，但都规模小、布局分散，自1953年4月开始成批进行私营企业的社会主义改造。到1956年1月份改造完成。其主要代表厂家有：北洋纱厂、新兴钢厂、华北化工厂、惠福木器制造厂、公裕化工厂、联华橡胶厂、大明钢厂、渤海化学厂、仁立蛋厂、仁立毯厂、大成五金机械厂、同华茂铁工厂、美亚织绸厂。到1956年1月14日又将规模极小的216家私营工厂全部实行公私合营。1953年开始实施第一个五年计划，天津市决定在陈塘庄铁路以南及土城一带建设整片的新兴工业区。而后天津市的大批私营企业经合营改造陆续迁入此地。到1957年陈塘庄土城工业区已初具规模。1958年，该地区快速发展，一大批新型的重工业工厂建成。形成了大中型企业为主，门类齐全并附带仓储和铁路入厂的大型工业区。主要有：天津市第四造纸厂、天津感光材料厂、天津无缝钢管厂、天津工具厂、天津焊条厂、天津第二冶金机械厂、天津真美电声器材公司、天津渤海无线电厂、木材二厂和木器三厂等。这个发展历程使河西区成为天津南部工厂最集中、类别最齐全、技术最先进、经济贡献最大的区域之一。这种局面一直持续到1975年。在1975年天津市进行工业布局规划时仍然将河西地区许多土地作为工业预留地。这些工厂生产的重工业产品支撑了天津工业的发展，轻工业产品成为三北地区人民乐于消费的优质产品。如：保温瓶、纯棉布和精纺细纱高档府绸；有些是优质军用无线电器材；染料和玛钢件闻名国内外；手工地毯成为国际工艺精品。到1995年底，河西区共有市属企业544家，20多个门类，近100个行业。对天津的经济产值和对外地的支援做出了巨大的贡献。随着经济体制改革的深入发展，天津工业布局调整，进行战略性东移。再加经济结构的变化和新兴产业的兴起，许多工厂被关、停、并、转，迁出市区，为腾空后的陈塘工业区迎来了信息化时代的结构调整。

2008年，根据《市内六区土地平衡项目试点暂行办法》，此处规划为“陈塘科技文化园”。2009年更名为“天津陈塘科技商务区”，使其成为河西区重点打造的“八大功能区”之一。商务区总占地面积2.78平方公里，由微山路、珠江道、城市景观带、郁江道等合围而成，总规划建筑规模491万平方米，平均容积率3.94，预计总投资将近400亿元。在建设中，商务区以“总部基地、北方高技术服务核心区和天津文化传播中心”为产业定位，按照“3+1”发展模式，重点发展高技术服务业、高技术楼宇工业、文化创意产业和总部基地。这是天津中心城区唯一一片较为完整保留下来的升级换代的工业区。老企业虽然已百年沧桑，它保留的工业遗产文化是河西区历史文化中的重要组成。

海河西岸中西文化交融与汇集的内涵

早在1917年德租界被收回并改建为天津特一区后，市政建设快速发展。典型的德式建筑群座座斜坡屋顶，披盖着红色鱼鳞瓦。和之前的大型建筑德国俱乐部再配以宁静的街道和院墙里探出的德国洋槐和紫藤在春天的花香，吸引了大批官僚和富人在此过上寓公的生活。徐世昌、吴毓麟、曹汝霖、田中玉、孟恩远、龙觐光兄弟、萧振瀛、张廷谔、袁克定、杨度等老派名人都在此有宅邸。而侯德榜、俞平伯、乐达仁、雍剑秋等人都在此处完成着自己的事业。日本间谍川岛芳子也曾隐匿该地区。

河西教育发达，中学、小学、幼儿园、专科学校、外侨学校成龙配套。是中国大学教育和中学教育的发祥地。1895 年 10 月 2 日中国第一座新型大学——北洋西学学堂一等学堂在河西梁家园（今海河中学一带）诞生，同时这座新型大学的预科——二等学堂随之诞生，这是中国第一座公立中学。严复 1896 年创办的天津俄文馆，大营门是中国最早的官办俄文专科学校。天津民立第三十九小学堂(今土城小学)于 1905 年创办于土城村，是区内第一所新式小学堂。1907 年德华普通中学堂(今海河中学)创建于原北洋大学堂旧址，是天津租界最早的中学之一。1908 年由中国第一位女留学生金韵梅创建的北洋女医学堂(今天津医专)是中国第一所公立护士职业学校。1909 年德国侨民会创建的德国侨民学校(今台湾路小学)是天津最早的侨民小学之一。1914 年创建的圣功女学几经周折于 1940 年秋天，在马场道上的陶园原址建成新校舍，这座“圣功楼”保留至今，是新华中学所在地。现天津外国语学院院址是曾经享有“煌煌北国望学府，巍巍工商独称尊”之誉的天津工商大学原址，它于 1921 年创建于马场道。特别是 40 年代中期，该校人才荟萃，堪称与美国康乃尔大学相伯仲，居于天津各高等院校之首。其所属的“北疆博物院”曾被誉为世界上“第一流的博物院”，其附中(今实验中学)与南开、耀华、官立中(今三中)齐名。

由于这些老学校的诞生，河西地区出现了众多的著名教育家。如盛宣怀、丁家立、严复、李建勋、郑朝熙等；在天津河西老学校中涌现出了名师吴稚晖、徐德源、饶伯森、高镜莹、顾随、冯朋弟等；天津河西老学校桃李遍天下，他们之中有我国第一张大学毕业文凭获得者——王宠惠、中国矿冶第一人——王宠佑、“中国奥运之父”——王正廷、著名政治家、实业家、教育家金邦平、著名物理学家袁家骝博士等。

天津河西近代教育在我国、我市占有重要地位。到1948年有私立高等院校3所，公立中等师范学校1所，中等职业学校1所，私立中学6所，公立小学12所，私立小学20所，厂办小学3所，补习学校3所，识字班1所，私立幼儿园2所，6所小学附属幼稚班。新式教育几十年稳步发展，到20世纪30年代形成高潮。著名的有天津市立师范学校、育德学院、达仁学院。现代化的卫生机构分布密度为全市之冠。历史悠久的有德美医院、苏联公民协会医院、天津协和医院。1949年以后建成的人民医院、医大附属二院、河西医院、下瓦房卫生院及后来的环湖医院等至今仍是天津市的骨干医院，为人民的健康发挥着重要作用。该地区原有天津盐商李氏私家园林——荣园，以张伯驹为代表的许多名流文人在此雅集，后改为公办的人民公园。此地还是宗教场所集中的地区。天主教、东正教、基督教、伊斯兰教均有教堂。并在其周围建立起许多相应的教区设施，也成为河西文化地理的特殊景观。改革开放以后河西区因没有铁路分割及水面景观较为丰富，为建设现代化的大型公建设施，提供了便利的条件。

改革开放四十年的辉煌

进入新世纪,古老的海河西岸迈出了现代化的快速步伐。从党的十一届三中全会召开开始,河西区以改革为动力,以改善人民群众居住条件为着力点,以造福于人民的宗旨意识,以创新的招法,在中心城区走在了城市现代化的前列。率先在危陋房屋的改造中先行先试,实施大规模的住宅改造和新居民区的建设。自20世纪80年代末至90年代,历经两次大规模的危陋房屋改造,在市区率先并提前完成成片危陋平房改造任务。并积极落实天津总体规划,促进多处市级大型公建设施在河西建成。

这些大型公建设施,既有市级行政办公中心,也有市级大型旅游宾馆建筑群,更为重要的是将分散在天津各地的文化设施集中在此,建成了天津市的文化中心。并在其北部建成有巨大水面相连的银河广场。使它形成天津的文化和交通中心,还兼有购物功能。天津文化中心是一个大型的文化机构组团,由天津博物馆、天津大剧院、天津美术馆、天津图书馆、天津自然博物馆和青少年活动中心组成。与之相呼应的是1991年在天塔湖中建起的高达415.2米的"天塔",是津门十景之一。空间快速成为钟灵毓秀之地。蜿蜒的海河滋养了新一代淳朴、乐观又充满活力与理想的河西人。西岸明珠天津河西,在中心成区改革开放期间的光辉成就成为河西人民自信的思想源泉。河西区在改革开放的历史进程中走过了四十年,四十年的成就有目共睹。在城市建设方面率先建成教师村,继而规划建成小白楼中心商务区、友谊路金融街、梅江生态居住区，率先完成全区集中供热。当下河西区经济总量、城市管理、城市服务、城市交往等领域始终位于前列。2002年，河西区作为天津市唯一区被国家计生委确定为全国婚育新风进万家活动项目示范区。2007年河西区被中国国际跨国公司研究会与联合国开发计划署等单位和组织评选为“跨国公司最佳投资城区”。2008年，河西区荣获“国家卫生区”“幸福城市政府贡献奖”称号，同时当选“天津最具幸福感城区”。2016年，河西区重新确认国家卫生城市(区)。2017年河西区当选“中国年度文化影响力城市”“国家级妇幼健康优质服务示范区”“国家公共文化服务体系示范区”。天津市阳光体育先进区和中国最具海外影响力明星区，并承担了国家全运会天津全运村的建设。2017年8月15日正式开村运动员入住至9月10日顺利闭村，历经27天高效运行，共接待运动员、技术官员、媒体记者约15000人，禁住了城市管理的考验，树立了河西区的城市面貌。这些成就无不彰显着各级党组织不忘初心，始终在路上的坚定革命步伐和全区人民上下齐心共同奋斗，为实现中国梦付出的努力。这些成就为天津建成国际大都市既提供了现代化的城市景观又谱写出了当下河西前进的历史篇章。

远远早于天津设卫建城的海河西岸人杰地灵，解析它出现聚落的最早年代，还原它北国江南水乡的原生态风貌、介绍现代工业文明与古老农耕文化在此交汇的历程。及此区域为天津的首善之区，和它在中华人民共和国“青春期”做出的巨大贡献。这些历史基石必将永远成为河西人爱家乡的精神宝库。

2018年6月15日

目录

富鱼盐之利　促工商之盛
——海大道的经济贸易

文采风流事　道出道边人
——海大道的文化景观

一路两世界　南北多分治
——一百年前的海大道

通衢达三江　陆海一线连
——今世海大道

附　　录

前　言

路是人造就的，同时它又造福于人。作为互联互通的载体，路，既能促进贸易，推动经济发展，也可交流和沟通文化，改善人文环境，建设和谐美好的社会。

在天津，有一条最长的路，它就是海大道。

海大道全长 57.5 千米，贯穿今天的南开、和平、河西、津南、滨海新区等六个区，联通一百多座古老村镇，是海河南岸由天津城去东南方向与大沽海口联系的重要干道。有人说，这是“目前古代中国最长的一条街道”，未免武断，因为秦代已修有“驰道”，“驰道”更长。但细细分析，“驰道”还不能算是现代意义上的街道。“驰道”是皇帝的专用车道，皇帝下面的大臣、百姓，甚至皇亲国戚都是没有权利走的。从功能上讲，海大道是为公众所使用的，确已具备街道的性质。

孙犁在 20 世纪 50 年代写的《津沽路上有感》中说：“从去年入冬以来，当我每次在灰堆下了公共汽车，走向白塘口乡，在那有十五华里的公路上，是常常想到一些事情的。”孙犁先生提到的这段路正是海大道的一部分。

海大道早年称海河叠道，其历史可追溯到 900 年前的宋辽时期。根据史料记载，这条海河叠道是在继承北宋军事砦、铺哨所间的通道，元朝屯田垦盐活动的不完整道路的基础上，经过明朝大规模屯田，使海河南大堤逐步形成了由卫城通往海口屯田区的大道。清康熙年间，鉴于此地低洼积水，有官商捐助对叠道进行过一次整修，使之成为大沽、新城与天津间唯一通衢。

清乾隆初年，直隶天津河巡道布政使参政陈弘谋"以修筑叠道并开新旧引河、建桥闸、资启闭"请示朝廷；工部吏科给事中马公到津巡视漕运，亲眼见到这条道路是同邑的关键，力请实施。于是清廷批准预算帑银32390两，于清乾隆四年(1739)自天津城东起，经咸水沽，到茶棚止，进行全面整修，并对桥涵设施进行维修和添建。修好后的海河叠道，长9650丈，高7尺，顶宽2丈，底宽6丈。在泄水处开设涵洞，跨以木桥，同时疏挖贺家口等新旧大小引河6道，修筑白塘口已损石闸一座，重建咸水沽大板桥一座，添设贺家口、何家圈、双港木桥各一座。《乾隆天津府志》收录有陈弘谋的《请修天津海河叠道议》和天津县知县朱奎扬的《重修海河叠道记》，从中可看出其工程的意义和浩大。朝廷拨款，官府督建，质量一流，足可谓当时的"国道"了。由于海河叠道的建筑标准高，因而被载入嘉庆时的《钦定工程则例》，列为"标杆工程"。

海大道上下两头，一头挑着津城，一头挑着大沽，其战略意义不言而喻。这条路内通京津冀，外达出海口，维系着海河西岸和津南地区人民的生产和生活，承载着内地与沿海的交通和运输，无论是对军事、政治、经济、文化都具有重要作用。海大道的成长与沿线的空间地缘和经济结构息息相关。河海经济和农耕文明成就了海大道，海大道自身又为这一地区的屯田、漕运、渔业、商贸提供了便利。而经济的发展又带来了文化教育的兴旺，周汝昌等一代名家由此而崛起。

鸦片战争以后，中国沦为半殖民地半封建社会。《北京条约》签订，天津被辟为通商口岸。海大道一侧有个叫紫竹林的小村，背靠京师，通往海口，与海河相望，英、法、美三国率先在这一带建立租界，人们统称为“紫竹林租界”。这里本为通衢要路，上下均设有渡口和码头，清军亦布有岗哨。他们抢占这块地方，目的就是扼据这段要路。这三国租界加之后来在英租界以南建起的德国租界，这里居然成了“国中之国”。海大道贯穿于法、英、美、德四国租界之中，其建筑和设施在海大道纷纷亮相，而租界外中国百姓居住的地方则是截然不同的另一番景象。从现今海大道留下的不同风格的建筑遗存和海大道旧有的痕迹中，可明显看出近代天津的历史变革。

海河西岸的风云变幻与海大道紧密相连。河西区位于天津市东南部，与津南区接壤，海大道(今大沽南路)是河西区的主干道，它从区内穿过，且与海河相依傍。河西区的兴旺发达同海大道的作用密不可分。它完善了河西区的交通运输，为河西区的繁荣发展奠定了基础；它带动起河西的工商产业，为自主创新建设提供了先决条件。河西区与海大道共生共长。道路通则经贸通，有了路才能通江达海，走出河西，走出天津，走向全国，走向世界。

昔日的海大道见证了河西乃至天津的荣辱与抗争，述说着前辈们勤劳奋斗的动人故事。今日的海大道必将在“一带一路”、京津冀协同发展的战略方针指引下，奏出最新最美的乐章。

沧海变桑田　大河出叠道

——海大道的形成与构筑

北宋军事哨所间的通道

天津海大道早年称为海河叠道，又称海叠道，是在海河南岸由天津城去东南方向与大沽海口联系的重要干道。

海大道的形成源于北宋为抵御辽的入侵而设立的军事据点。

早在五代和宋朝时的海河水系大片平原地区，几乎就是一片海水和河水浸积的沼泽之地。

五代时，北方的辽、金崛起，经常北犯中原。北宋时，海河、大清河已经成为北宋和辽的边界线，海河(时称界河)作为北部边界，与辽隔河对峙 。海河以北属于辽的幽都府，以南属于北宋的高阳关路乾宁军防区。当时的界河入海口有两个，北宋方面为南岸的泥沽海口，辽的方面为北岸的军粮城。

为防辽兵入侵，宋初于界河右岸(南岸)设立了许多砦、铺，驻兵戍守，并且在枢密院中专门设立了管理北边防务的"北边房"，把沿大清河、海河南岸的洼淀塘泊连接起来，形成了一道"深不可舟行，浅不可徒涉，虽有劲兵不能渡"(《武经总要》前集，卷十六上)，被称为"软边"的重要军事防线，所谓"自海河至泥姑海口，屈曲九百余里，此天险也。太宗置砦一十六，

《武经总经》中的走舸——巡逻在界河上的北宋战船

铺百二十五，廷臣十一人，戍卒三千余，部舟百艘，往来巡警，以屏奸诈。”(《宋史·列传》)“砦”“铺”一般都设置在这道“软边”的“险厄处”。在今天津地域内，就有泥沽砦、双港砦、三女砦、苇场港砦、小南河砦、沙涡砦、独流砦等。当时在海河南沿线的有泥沽砦、双港砦、三女砦等。泥沽砦，建立于北宋太平兴国七年(982)。坐落在今津南区双桥河镇西泥沽村，紧靠海河故道南岸，东距葛沽约5公里。双港砦，建于北宋太平兴国七年(982)。坐落在今津南区双港镇双港村，面对海河故道南岸，东距泥沽砦遗址约12.5公里。三女镇砦，建于北宋太平兴国七年(982)。坐落在今津南区双港镇前三合村，其东部面对海河故道的白塘口湾南岸，其北部有一条宽约400米，呈东西走向，并有黄河水沉积泥沙的古河道，东北距双港砦遗址约4公里。

界河南岸宋的砦、铺,皆有重兵戍守,是为第一道防线。在其背后还有一道由水稻方田和陂塘组成的塘泊防线。该防线始建于宋端拱元年(988),其东段在今天津津南区境。而砦铺间也是有道路相连接的,这应是海河叠道最早的雏形。故而早就有人提出:这条海河叠道继承了北宋军事铺哨间的通道。

元代海运及垦盐的不完整陆路运输

北宋庆历八年(1048)，黄河改道夺南运河由海河入海，由于黄河急流的冲刷和泥沙的沉积，海河南边的塘泊变为“浅足以褰裳而涉，深足以维舟而济，冬寒冰坚尤为坦途”，逐渐失去军事防御的作用，早先的砦、铺以后逐渐发展成为重要村落。

黄河改道与天津陆地和道路的形成颇有关联。天津平原大约在四千年前的新石器时代，因海水回落，海进停止，才逐渐露出水面。此后，黄河三次迁移在渤海西岸东注入海。北宋庆历八年的这次黄河迁移，是黄河从河南濮阳决口经南运河流入海河，在今军粮城与泥沽间入海。来自黄土高原的黄河水每年带来十几亿吨的泥沙流入海河，逐渐向东淤进，所谓“一石水而六斗泥”。至南宋建炎二年(1128)留守东京(今开封)的南宋官员杜充决黄河水，阻挡金兵南进，从此黄河南徙汇入淮河，分流入海。这期间前后八十年，逐渐造成塘沽陆地，海河出海口大沽口开始出现。

中国东北地区的少数民族政权——金于1125年灭辽，第二年又灭北宋，南界达到淮河流域。天德五年(1153)，金朝将都城由会宁府（今黑龙江省哈尔滨市阿城区白城）迁至燕京

(今北京),并改燕京为中都。此后,随着封建王朝长期在北京建都,以及漕运、盐业的发展,天津地区的政治、经济地位发生了显著的变化,开始进入了急剧发展的历史时期。

蒙古族崛起不久即灭金,后又改国号为元,并定都大都(今北京),数年后灭南宋,统一了中国。当时天津地区属中书省武清县和静海县管辖。元朝的漕运规模较金朝时大得多,制盐业也更发达,并在海口附近屯田。元代的漕运,河海并重,海河干流的航运功能日益明显。此时的海河已承担起更为繁重的运输任务,海河沿岸的陆路交通的作用便愈加突出。特别是元代的海运对海河运输的压力大大增强。

至元二十三年(1286),元朝又在渤海湾西岸设置了利国、利民、海丰、阜民、阜财、益民、润国、海阜、海盈、海润、富国、兴国、严镇、丰财、厚财、芦台、三岔沽、石碑、越支、济民、惠民、富民二十二个盐场。其中兴国、富国二场在今咸水沽,丰财场在今葛沽,三岔沽在今市区内。元代的海运及垦盐活动使海河岸边形成一条不完整的道路,这应是海河叠道的早期状况。

明清通向海口的陆路要道

明代是天津城市发展的重要时期，即由元代的镇发展为卫，并扩建了卫城。“天津”的名称，也是由明代开始使用的。由于天津是漕粮运入北京的咽喉要地，自古又有渔盐之利，这里土地广阔，还可以屯田，所以有明一代，天津的政治、军事和经济地位较以前显得更为重要。在元朝屯田垦盐活动的不完整道路的基础上，经过明朝大规模屯田，海河南大堤逐步形成了由卫城通向海口屯田区的大道。

随着河海交通的发展，明代天津的商业贸易也日渐繁荣，成为北方商品的集散地。福建的南纸商多“由闽航海”至津，再转贩入京。去辽东的漕船，也载有在天津买到的青梭布、梔黄布、深蓝布、秋色布、紫花布、白市布运销东北。此外，闽广的蔗糖、蓝靛、茶叶、海货、木料、果品，景德镇的瓷器，江南的竹木制品也都源源运来天津销售。

清代，天津作为首都门户、出海口和经济辅助城市，作用日益突出，天津的建置也因之数次调整。无论从漕运、盐业，还是海运、商业的发达情况来看，天津已明显地成为北方的商业中心。

清康熙年间，天津在商业上有了很大发展，靠海河运往各地的商品，日益繁多。这时，只靠海河已不适应这种发展了，还要发展陆运。海河叠道愈加不可忽视。明末清初，海河东南一带仍然地势低洼，遇雨积水，长年不涸，难以耕种，交通往来全凭借这条海河叠道。清康熙年间，由天津城区往东南至咸水沽，有官商捐助修筑的叠道，长五十余里，为大沽、新城等地与天津唯一通衢。

另据 1984 年《天津公路史》记载："康熙三十三年(1694)由天津经咸水沽、葛沽到东大沽'观海'，所经路线当时称为'海大道'，即今津沽公路。"这条道路，是由"官商捐助"，利用海河的堤岸培固叠土，开辟了由天津城东门开始，沿海河直通大沽口的大道。

乾隆年间的一次全面整修

清康熙年间由官商捐助修筑的这条叠道，到清雍正时已坍毁损坏。清乾隆初年，天津道陈弘(宏)谋“议修叠道由东门迤南抵大沽捍水灾而便行旅”。他曾在《重修天津北门外道路碑记》云：“民之所苦，必思所以去之，民之所乐，必思所以成之，不待呼吁及前而后动，不必考成所及而后行，皆兹道路类也。”又云：“津门为众流所归，民之苦水，所在皆是，其宜创宜举而不可以因陋就简者，不更有大于此路耶？”

陈弘谋(1692—1771)，字汝咨，广西临桂(今广西桂林市)人。本名为陈弘谋，为避清高宗弘历讳晚年改为陈宏谋。雍正元年进士。初选翰林院庶吉士。后擢吏部郎中。后任监察御史、扬州知府、云南布政使等职。清乾隆三年(1739)任天津河道。河道又称河务道，是清代专司河务管理的官员，品级为正四品。清代道有两种，一是专司一事的道，一是掌管一地的道。清雍正四年(1727)清政府设直隶天津、通永二河专管河务，后兼职掌地方事务。史称，陈弘谋对修防河道“竭尽全力”。他一生为官清廉，所到之处，无论久暂，凡利弊之当兴革者，皆细加筹划，依次举行，不仅在水利建设上成绩斐然，还兴办地方实业，维护民生。《清史稿》卷三百七《陈宏谋传》载:“乾隆间论疆吏之贤者,尹继善与陈宏谋其最也。”

陈弘谋在天津道任上对旧有的海河叠道做了深入考察,特向朝廷上《请修海河叠道议》。不久,工部吏科给事中马某到津巡视漕运,亲眼见到这条道路是同邑的关键,也极力促成。于是清廷批准预算帑银 32390 两,自天津城东起,经咸水沽,到茶棚止,进行全面整修。

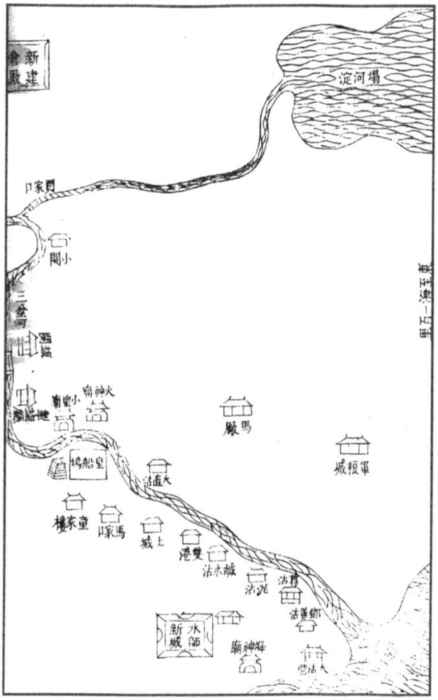

乾隆《天津县志》中的天津县境舆图(局部)标注了大沽至天津之间沿海河叠道的重要村镇,这些地名多数至今仍在使用。

修好后的叠道,长 9650 丈,高 7 尺,顶宽 2 丈,底宽 6 丈。在修筑叠道的同时,在泄水处开设涵洞,跨以木桥,并疏挖贺家口等新旧大小引河 6 道,修筑白塘口已损石闸一座,重建咸水沽大板桥一座,添设贺家口、何家圈、双港木桥各一座。并于清乾隆四年(1739)秋动工,转年春季完工。这次整修规模很大,对桥涵设施也进行了维修和添建。

这时的海河叠道,由天津城东南马家口起,经靳家园、梁家园、贺家口、土城、陈塘庄、何家圈、灰堆、五里墩、双港、白塘口、辛庄、洋码头、咸水沽、葛沽、杨惠庄、新城镇、营房、黄家圈、盐房桥、西大沽、海神庙、东大沽直达清兵水师营的西营门桥止，全程总长140华里。由于叠道的建筑标准较高，因而被载入嘉庆时的《钦定工部则例》。

对此，《天津县志·海河叠道》记曰：清乾隆“四年，因土埝残缺，水由海河漫入，经前天津道陈公宏谋弃埝增道而御之。”

郭蕴静主编、涂宗涛副主编的《天津古代城市发展史》则做如下记述：

海河叠道：即塘河东堤和西堤。西堤自城东南马家口经靳家园、土城、陈塘庄、灰堆、双港至咸水沽；东堤的走向与西堤相同，其中咸水沽地段有旧土埝，因多处坍塌致使海水浸入。清乾隆四年(1739)时，天津道陈宏谋弃旧土埝而另筑叠道。乾隆二十七年(1762)、二十九年和三十六年时又加培巩固。

天津知县朱奎扬《重修海河叠道记》又有较为详尽的记述：

天津……地势洼下……每当雨水泛水交发，运河东决，海河西漫，入易出难，甚者历数不涸……观察陈公莅津以来，悯斯邦之频涝，而雨洼竟成泽国，酌民情，审地局，自城东迤南至咸水沽旧有官商捐输修筑之叠道，绵长五十余里，为往来新城、大沽通衢，年远坍废，久成弃壤。进奎扬而告之曰：‘此一方之保障也。’……公即以修筑叠道并开新旧引河，建桥闸、资启闭为清。极可……公即……发帑兴修。……估需帑银三万二千三百九十两零，计修筑叠道自城东至咸水沽以下茶棚止，长九千六百五十丈，泄水处开设涵洞跨以大桥，并疏挖贺家口等新旧大小引河六道。修筑白塘口已损石闸一座，重建咸水沽大板桥一座，添设贺家口、何家圈、双港木桥各一座。兴工于己未秋九月上浣，期成于庚申之春。其茶棚以下直抵新城并大沽海口之道。……异时坦坦周行，车驰马聚之场，即今之崎岖残缺、致叹路难者也。

（《天津县志》卷二十一，56~58 页）

叠道之修，不仅便行旅，于防水治水亦至为重要。罗澍伟主编的《近代天津城市史·大事年表》载：“1730 年（清乾隆四年），修筑北门外叠道及海河叠道。海禁解除，奉天米豆听其流通天津。”

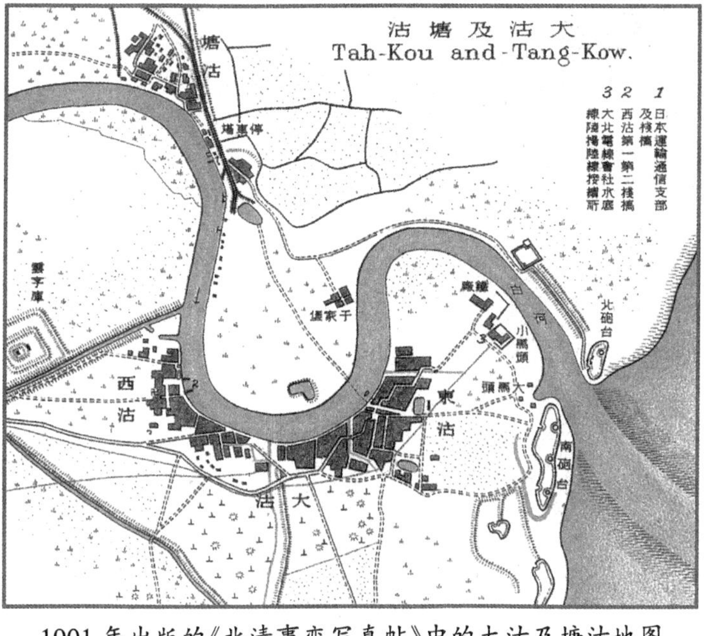

1901 年出版的《北清事变写真帖》中的大沽及塘沽地图

周盛传建桥修闸

清光绪年间,淮军统领周盛传驻军马厂屯田达八九年,除修筑一条由马厂经小站通向新城的新马大道外,又进一步大规模整修了海河叠道的部分路段,并建了很多桥和涵闸等水利设施。对此周盛传年谱有系统记载。

如清同治十三年(1874)春:浚葛沽下河引二十华里,曲杨辉村绕南,东通新城,河宽五至六丈。又于城东北、西北两隅,量置水闸二座,一引甜水,一去咸水。试垦,约万亩,至秋薄有所获。

清光绪二年(1876):接开减河下游,自新城至大沽入海。于南坎别开支河道入海河三十华里。减河上游自小站开至小兴庄。建石闸三座,一在西沽,一在新城南坎,一在西小站。新农镇西建木桥一座。本名履丰桥,俗称小站大桥。自智字站西开减河三十五华里,达于新农镇。

清光绪三年(1877):改建咸水沽通天津大道之独孔大桥为铁柱三孔桥(以巨木为桩,排列数百,筑成桥基,上覆三合土,再上甃以石条,然后置柱其上。即今西大桥)。又咸水沽西南约五华里,增建五孔木桥一座,又开新城东南减河四十华里达西小站,宽五丈,深一丈。建闸一座。又建三孔桥一座。桥上用松槿木板,下以生铁铸成桥脚,形如圆筒,植木其中。又,减河出土皆布于河堤之处。

清光绪十年(1884):四月,督队修筑大沽以上至南开三闸止,长堤一。缘该处道路低洼,夏秋雨水时行,潮汐泛涨为积涝所苦,不利海防。各营分段修筑,堤上添筑子墙间设炮台。计土工二十余万元。

近代天津首条官道

确切地讲，海大道是从天津三岔河口（或谓天津城东门外）到大沽海口的一条大通道。今海河西岸的张自忠路也应是海大道的一部分。这段路早先也是土路。清光绪九年（1883），津海关道周馥呈请直隶总督李鸿章批准，在华商码头设卡抽税将沿河土路修成石路。这条沿河石路是天津最早采用国外新法修建的道路，长约 2250 米。其做法是将旧土刨松，将砖石用铁锤击碎铺垫，厚约一尺有余，上加一层沙石，由数十人牵拉千斤铁轴压实。中间高，边缘低，修出的路拱形似龟背。两旁砌条石，成排水边沟，以便泄水，与现今的碎石路面的道路基本相同。沿河大街修成后，工程局还制订颁发了《官道条例》，这是天津最早关于道路管理的章程。当时工程局雇用专人管理，分路段定员，统一服装、标志。由清兵千总带领进行日常的洒扫、保养，以保持路面清洁、平整。这可谓是天津马路最早的养护管理。

民国初年，孙中山先生认为道路建设是富民强国之径。到民国十五年（1926），津沽路（即原海河叠道）在原有土路大道基础上，经过整修而逐步形成公路。由天津经咸水沽、葛沽至西大沽，长 103 里。

海陆皆设防　拱卫京津冀

——海大道的战略地位

村镇连一线

明清以来的海大道分为若干节点，每个节点便是一座古村镇。《天津公路史略》中的清道光年间海河叠道路线示意上，其沿线自西向东所标出的村镇和设施有：东关闸、马家口、内闸、外闸、贺家口、土城、陈塘庄、灰堆、双港、何家圈、闸、闸、白塘口、新庄、洋码头、闸、咸水沽、茶棚、葛沽、闸、东菜园、东南园、杨回庄、新城、黄家园、盐房营、茶棚、东大沽，直至海河入海处附近的营盘。

贺家口位于今河西区东北部。清乾隆五年(1740)，为引海河水灌溉贺家口、小王庄、佟楼一带的农田，人工开挖了一条河，最初叫贺家口引河，后改称佟家楼河，1949 年更名废墙子河(今津河)。废墙子河与海河交汇处有座河闸，人称此处为闸口，后谐音讹传为贺家口。这一带在明代即成聚落。明代万历年间，贺家口是天津地区八处官渡之一。明清两代，贺家口附近地区曾以水稻生产而闻名天下，这与明万历年间天津巡抚汪应蛟和清康熙年间天津总兵蓝理治水兴农功绩相关。

土城在今河西区东部，泛指大沽南路与解放南路交汇处东侧一带。土城原名“土城村”。明天启年间的《天津卫屯垦条

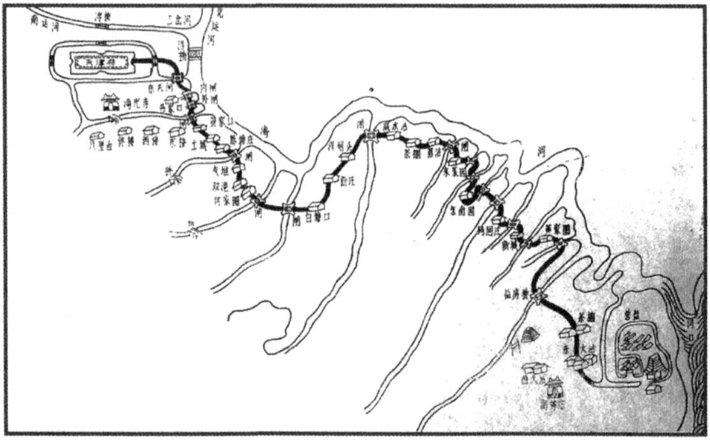

《天津公路史略》中的清道光年间海河叠道路线示意图

款》地图中有土城村，说明此时土城已成村落，相传，原先在这里有一座土垒田塍围村，后来定居的人叫这个地方为“土城”。清光绪《津门杂记》谓“土城”为“土塍”，“塍”与“城”同音，是指田间的土埂或界路，清道光二十六年(1846)刻本《津门保甲图说》记载：“天津村镇最著者，如西沽、丁字沽、军粮城、大直沽、马厂、咸水沽、泥沽、大沽、堤头、土城、宜兴埠，皆居户稠密，均与荒僻不同。”“土城”村人繁户密。村内有东大街、中大街、玉顺街、裕泰街、仁和街，多为土坯房。但也有一些高大的青砖瓦房，均系殷商官宦人家所住，如以天津豪富著称的“八大家”之一——“土城刘家”，以及杨家瓦房、田家瓦房、孙家大楼等，坐落在土坯房之间。土城靠近老海河，村民以务农为主，主要是种植园田，产量较高，村内有米面铺、磨坊、酱园、羊肉铺、包子铺、果品店、烧饼铺、当铺等。

陈塘庄位于今河西区东南部，泛指大沽南路和洞庭路交会处东南及北部，海河南岸。据陈塘庄老居民传说，这一带古时候都是海，现在的海河当年在陈塘庄入海，它原来叫陈塘关，后来没有“关”了，因为海口退到大沽口，这里就叫陈塘庄了。传说托塔天王李靖和他的三儿子哪吒镇守陈塘关，曾在陈塘关和上下河圈闹海，杀了龙王的儿子和夜叉，又把龙王身上的鳞片揭下好几片。关于陈塘庄得名还有一种说法：明代燕王朱棣扫北时，由山西洪洞县的大槐树下迁过来许多移民，因最先住在这里的人姓陈，官府给他“龙票”，允许他们在此耕种。因这里离海河很近，修了塘坝，以防海水泛滥，故名“陈塘”，天长日久，人们就称这里叫陈塘庄了。明万历二十九年(1601)，天津海防巡抚汪应蛟曾在陈塘庄筑堤围田防涝，穿渠灌水洗碱，并逐渐扩大到何家围、大任庄、吴家嘴、双港、辛府、盘沽、贺家围、东西泥沽等十围。“用军垦田，以田分民”，并“招募殷实居民，听其分领承种。”明天启年间(1621—1627)《天津卫屯垦条款》地图标有陈堂庄，说明这里早已有村落了。清乾隆年间《天津府志》卷八天津县南路百村名中称为“陈唐庄”，但已不是“堂”了。清道光二十六年(1846)刻本《津门保甲图说》记载：“宣家楼东曰陈塘庄，村社亦稠，其对岸汪家庄，稍东曰娄家庄。由陈塘庄东抵荼棚，道间旧有涵洞以泄海潮，今淤。”陈塘庄是海河的重要渡口。清同治九年(1870)《续天津县志》载有“陈塘庄渡”。

灰堆泛指今河西区大沽南路东南段南北两侧地区。明永乐年间(1403—1425)，此处即已形成村落，初名为“灰堤”，亦称“辉德村”。后民间谐音转读为“灰堆”。清乾隆四年(1739)，始见今名。1957 年 11 月 6 日，灰堆村民在村南挖菜窖时，发现一眼砖砌古井，井内有水。从井中淘出一个陶罐、一个瓷碗、一方石砚及古钱多枚。古钱中仅一枚较完整，为“万历通宝”。“万历”为明神宗年号(1573—1679)。由此可推测这口古井为明代乡民所用。

双港,东南距咸水沽9公里。宋代,朝廷在此设军事据点双港砦。又据《宋史》载:宋熙宁四年(1071)属清池县,称苍姑砦。政和三年(1113)改称海清砦。历史上双港地处宋辽交兵分界线上,当时此地区已有驻军和少数渔民,逐渐形成村落。明永乐十九年(1421),明成祖朱棣封镇国将军宁从道为“光禄寺大夫”,并赐以龙票,在此地区占地。当时东靠老海河,南临赤龙河(又称南海),两条河在村东南形成港汊,故名双港。

咸水沽是退海之地,四千年前还是大海,三千年前由于黄河冲积形成陆地。从春秋至汉代六百余年间,黄河又多次改道北徙,从天津地区入海,入海口都是在今咸水沽附近——第一次由咸水沽以北的白塘口入海,第二次改道咸水沽以南的沙井子入海。黄河改道经过咸水沽一带,使这里地势逐渐淤高,逐海而居的渔民和农民陆续迁来形成村镇。

咸水沽地扼水陆交通咽喉,因此向为京畿重地,海运枢纽。北宋在海河南岸咸水沽一带屯兵置戍,因此推动了这里农业的早期开发。元代实行海运,海河中游的咸水沽为必经之地,商业和贸易由此日益繁荣,尤其清中后期,殷商富户几乎家家养船跑海,每日海河里帆樯林立,船来舟往,景象蔚为壮观。另外,咸水沽一带地近滨海,盐业十分发达,在元明清三代,曾长期为富国、兴国两大盐场官署驻地。

西泥沽今属津南区双桥河镇,位于老海河东侧。村落呈正方形。宋代称“泥沽砦”。明永乐年间有东、中、西泥沽。清乾隆年间,称泥沽西庄,嘉庆年间更名西泥沽。新中国成立后曾为西泥沽乡驻地。

东泥沽今属津南区双桥河镇。此地原称“泥沽砦”,包括东、西泥沽和东嘴。据《天津县新志》记载,明永乐年间,海河滨有东、中、西泥沽。《天津府志》记载,清乾隆年间名泥沽东庄,至嘉庆年间,正式得名东泥沽村。

葛沽镇位于今津南区东北部,元至元二年(1265)境内建立丰财盐场,成为元代盐业的重要发源地。元末明初,形成比较繁华的小镇。该镇为华北“八大古镇”之一,始成于明永乐年间。因丰财、厚财盐场设在该地,所煮之盐,需水运盐坨储存,所以在原水系基础上调理疏浚成弯弯曲曲的三条泄河, 号称“水流三带”,河上架木石桥梁 9 座,又陆续在居民区修建庙宇 18 座,号称“九桥十八庙”,成为远近闻名的名胜古迹。当时,海河沿岸篷帆林立,商贾往来络绎不绝;镇内店铺星罗棋布,衣食住行所需物品应有尽有;葛沽水稻,米中佳品,咸淡鱼蟹难以胜数;桃、李、杏、葡萄、樱桃、小枣、西瓜等物产丰富,获“小江南”之誉。文人骚客为之倾倒,沽酒吟诗赞叹不已。清乾隆皇帝巡视丰财盐场,曾驻跸附近的杨惠庄行宫。

新城在塘沽西南 10 公里,海河南岸。西隔马厂减河与津南区相望。原为荒地,明朝始有人烟,村民多事渔、盐。清雍正四年(1726)建土城,置都统衙署。清同治十三年(1874),为与大沽防营相应, 在土城外新建砖城, 故名。光绪二十七年(1901)依《辛丑条约》将城拆毁,聚落沿海大道两侧分布,略呈方形,多为砖瓦平房和少许土平房。

大沽是华北沿海的重镇,又是华北著名的渔村和盐场。隔海河与塘沽相望,东临渤海。大沽分为东沽与西沽,两地相约一公里多,统称大沽,当地人则分称东大沽、西大沽。早年大沽土地盐碱,不能播种,甚至树木亦少见。居民多以织网捕鱼或

“煮海为盐”谋生。有关大沽最早的文字记载，见于《明史·兵志三》，其中说：“自世宗世，倭患以来，沿河各大都会各设总督……，于蓟辽则大沽口宿重兵，领以副总兵。”世宗即明嘉靖皇帝，在位时间是1522年至1568年。可见六百年前，中国政府即派重兵把守大沽。清咸丰年间，修筑了有名的大沽炮台，驻水师十营，守卫海防。海运的畅达，使大沽口成为闻名中外的口岸。据天津海关统计，自1861年天津开港后，至1948年底，在这87年间，经大沽口出入的外国商船达六万艘。大沽口外的渤海湾还是个优良渔场，每年春夏之交，对虾、黄花鱼、鲙鱼、鲅鱼、梭鱼、琵琶虾等，随着暖流洄游到大沽口外产卵，这时渤海湾便进入大鱼汛期。大沽口内外，白帆点点，渔船频繁出海入河，勤捕捞，快销售，忙碌异常。

以上是海大道沿线的主要村镇，海大道将各村镇串联起来，使之相盼相顾，相互沟通。海大道基本是傍海河而筑，这些村镇大多是古代漕运的必经之地，南方的一艘艘货船，经过海上从大沽口进入海河，又途经这里进入天津，再将货物运到北京。

军事要塞的建制与防守

作为军事设置，北宋时在海河南线建起的砦、铺在金灭宋以后，其军事防御意义早已不复存在。海大道的军事价值主要体现在抗击外敌入侵中所发挥的作用。

清道光丙午年(1846)刊行的《津门保甲图说》，记述了清道光二十年(1840)英舰驶至大沽口外，虎视眈眈，天津人御敌

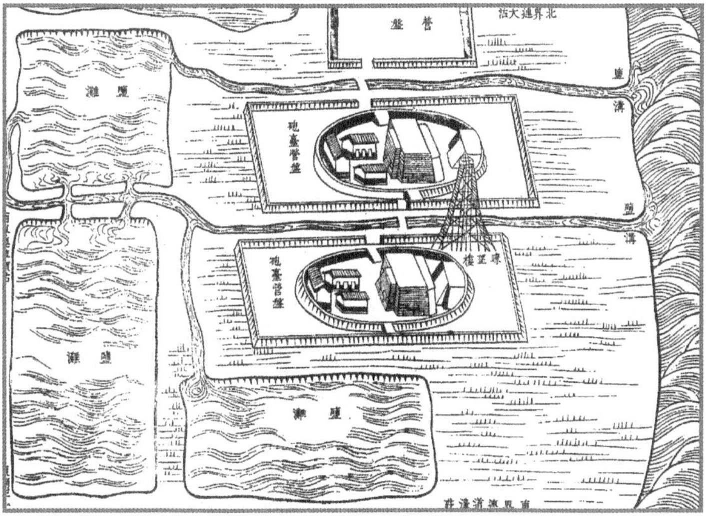

《津门保甲图说》中的大沽炮台营盘图

防奸,实行保甲法的事迹。该书“东南一带村庄图说”记述了当年海大道沿线的防守建制和御敌措施。

南北运河于三岔口会流赴海,是为海河,延袤二百余里,河南北村落相望。这一带常苦泛滥,清乾隆时天津道陈宏谋曾议随河势,由东门外迤南至大沽修筑垒道,既捍水灾,又便行旅。

县城东南的葛沽,是海防内户。清道光二十一年(1841)固原提督胡超和清道光二十二年(1842)直隶提督周悦胜曾先后驻兵于此。雍正时曾于此办屯田,产稻供郡城食用。向设巡检千总。

东去葛沽八里的新城,在海河南岸。“枕河面洼”,“实为外蔽”。本为旗兵驻防所在,设水师都统。

至于近海要地的大沽,则要御外天险。道光二十年(1840)7月,琦善曾驻此,后来讷尔经额的行营也设在这里,东南六六、六七两图,对大沽一带的兵房布局,武署、协镇署的位置,盐坨、盐沟等都描绘得很详细。

从大沽向南,有道通草头沽,四周除盐滩外,有兵房、炮台。

草头沽东南的道沟庄,逼近海壖,是1841、1842年紫荆关守备刘朝勇督练乡勇屯驻之处。这里的炮台、兵房,绘制详全。庄南的驴驹河村,也多兵房、炮台、盐滩和盐沟。

由驴驹河村南下,是号称渔铺的高沙岭的白沙头,虽然近海荒僻,民舍不多,却也布有兵房和炮台。

道沟庄北,是形势险要的大沽海口。南北两岸有炮台。1840年7月英国侵略者乘轮直达海河。讷尔经额督直隶时,复于南北两岸增筑炮台,并建瞭远楼,东瞰大海,了如指掌。炮台下为营盘，营盘外即拦潮坝，上设土炮台、兵房、窝铺。南岸旧炮台后有过河垒道，为一线长堤，营门扃闭，不仅是出入稽查之处，更是军事上的要冲。

至于距河稍远、地当海河之冲的灰堆(即辉德村)，是防御英国侵略者的后援之地。1842年夏，钦差大臣曾驻兵于此。

《津门保甲图说》所提及的大沽、新城、葛沽，经历了鸦片战争以后又不断加强防御体系，成为海大道沿线不可或缺的军事堡垒。

关于东大沽，民国时曹振华编写的《河北省天津县东大沽乡土概要》中特别指出："本村居沽河入海之口，为平津门户，明清两朝，均视为国防要地，华北对外交通，亦以此为出入之孔道，自明初国家设防于此，至清咸丰年间，与英法宣战，在此地建筑炮台，设防营驻守，直至清光绪庚子年拳匪之变，八国联军，攻破大沽口。"

新城的军事作用也愈加引起朝廷的重视。新城自明至清，都是近海要塞。明代有总兵把守，清代有水师都统坐镇。《葛沽杂史》说，新城城墙南北长二百二十六丈，东西长二百六十丈。四面各有城门，名为东关西关南门北门。内设都统衙署，驻水师营，还有城内存储军粮。海河自唐代已有军粮城，这个新军粮城就简称为新城了。新城作为大沽口的二线阵地，既可驻扎前沿的后备军，又可储备军粮军需，对海防有重要意义。

清代《啸亭杂录》卷四"天津水师"条，记述了清廷设置天津水师的缘由、建制和作用："雍正中，宪皇帝念津门附近京畿，海防綦重，因设满洲水师都统一员，副都二员，其协领下若干员，兵三千名，守御海口以防鲸海不测之变。"满兵虽雄健，但不利水师，后因"兵丁技艺既疏，队伍紊乱"，被乾隆皇帝裁撤。嘉庆二十年(1818)英国遣使臣来觐,未遵仪注,由大洋直抵东沽入口。次年清廷便在这里设水师总兵。清道光元年(1821)再撤,设带察哈尔马队屯于此。撤防后,葛沽营游击守备驻此,全村 515 户居民中,当兵的多达 152 户,新城可说是常备军屯驻的所在了。

清同治九年(1870),李鸿章任直隶总督,周盛传建设大沽海防,决定重建新城,并修造新式炮台。周盛传"清督所部弁勇助役,以省雇募。又捐历年欠饷,为集工购料之资"。城垣和炮台的设计理念是,旧制砖瓦城,"累栋连楹,炮火所及,摧如,焚如,转足以挠守局"。特别它不够宽敞,守兵无以存身,子药并将露积。决定凡有兴作,俱参用外国制。以三合土筑超厚墙体。但三合土需用大量石灰,要从数百里外转运,耗资巨大。周盛传为此颇费踌躇。终于访知"蛤蜊之甲,聚烧成灰,其功用与石

新城炮台

新城兵营

亚等”。又令各营提督率部伍分段修筑。用十个月的时间，建成了一座周长1128丈的城堡炮台。城门、月城、炮台、隔堆、子药库、藏兵洞、护城河、站墙、飞桥、螺旋走道、马道、券洞、垣壁铁环、湿絮软帘、转轮大炮。一座在中国史无前例的城防建筑，岿然挺立在海口二线。

清光绪七年(1881)，新城移交给地方布防和管理。那时新城内已建起钦差大臣行台以及粮仓、弹药库、各衙门、各官办事公所，还给文庙、衙署留了基址。四门大街宽五丈，车辆可以并排畅行。街面每隔十家铺户，设立玻璃路灯一盏。城内大炮三座，各设千总一员，守兵120名。内外城门八道，设把总4员，守兵60名。外城四角炮台，各设守兵40名，也归四门把总管辖。守将须有亲兵，分布城头小炮台，四角除外，尚有67座，每座守兵10人，共须炮兵670名。统共兵员1400人上下。

葛沽的战略地位在明代已为官方所确认。明永乐二年(1404)，葛沽南三里许的土地被海防大营圈占了好大一块，故有“天津建卫，葛沽建营”之说。明永乐二十年，又置葛沽巡检署。清道光二十六年(1846)，直隶总督讷尔经额奉旨筹划防守天津各海口时，认为“葛沽为扼要之区，屯营驻守，可为各路应援，自应亦在葛沽接连安营，厚集一处”。固原提督胡超领千名陕西官兵东进防堵，即驻扎葛沽。从当时增设的葛沽海防同知、游击、守备和左哨把总、右哨把总等清军建制可知，第一次鸦片战争之际，葛沽军事防御能力有所加强，已成要塞，被称为“海防之内户也”。

葛沽的防守状况从一个外国人的眼中可略见端倪。清咸丰八年(1858)四月下旬，俄国修士大司祭巴拉第，由京启程，来津参与中俄《天津条约》的签订，兼以密探身份搜集天津布

英国随军画家笔下的大沽南炮台

防情报。《巴拉第日记》称：葛沽是“一个很有名的大镇”。“同英国人开战后，大商船都被拦在这里，被禁止驶向上游。运往天津城的商品，要由四轮牛车或小船转运。葛沽也因此出了名”。“葛沽到处都是军队，被安插在各处的清兵严巡密查。我们在路上就遇到由京师亲兵骑兵组成的巡逻小分队的好几次盘查”。

此时咸水沽一带也有军队设防。据张媛《特罗特的侦察手记》一文中说：1876年，时任英国驻津总领事的孟甘写给英国公使威妥玛一封简单的公函，描述了大沽南面要塞开凿沟渠的事宜，并附上手绘地图一张。后孟甘授意侦察天津城周边区域的防御工事，于是他派特罗特上校与领事馆的一位英国翻译进行此项工作，特罗特在报告中写道：

我们于1876年4月11日骑马离开了天津城，首站目的地是咸水沽。咸水沽位于天津城与大沽的中间地段，连接咸水沽和要塞有一条新开凿的运河，运河上行驶的船只，其甲板比地平线高出2.13米。因船运并不是此处主要的交通手段，毫无疑问该运河是通往白河(海河旧称)及小站等营地的主要渠道。

当日下午，我们又探访了小站，而后乘船返回，从船夫处打听到周边有许多士兵正在修建某项防御工事。船行至小站与咸水沽的中间地段时，我们的船与20艘炮艇擦肩而过，还有一艘体积稍大些的船只载着军官的家属。从外观分析，这些炮艇的装备都很精良。

近代以来，天津外围的大、小营门也当是海大道沿线防御体系的组成部分。

清咸丰十年(1861)，由统兵大臣僧格林沁下令修建天津城防。当时在距城里五六里的地方挖壕筑墙，以增强天津城的军事守卫设施。所筑的围墙，俗称“墙子”，围墙中间设14个“营门”。

僧格林沁、恒福在清咸丰十年正月二十九日的奏折中说：“天津护城环濠，据运司崇厚禀报，已于二十六日(1860年2月17日)开工。奴才恒福拜折后，即赴天津督催，赶紧挑挖。”僧格林沁、西凌阿、恒福在同年二月十三日(1860年3月5日)的奏折中续报：“天津环濠，国瑞到津，复详细履勘，其有碍坟墓之处，已经设法绕越，周围仍共计三十余里。奴才西凌阿、奴才恒福先后前往察看，虽已开工，现在地当冰结未化，召集人夫亦未到齐。其郡城东面海河两岸，拟筑大炮台二座，并随墙安设炮洞二十余门。其余各面即随濠墉建立小炮台数十座，以备安炮位。”可见，环濠和营门的战略地位。

清光绪七年(1881)，直隶总督饬盐运使如山等重修天津围城濠墙各门，增为14座营门，各座营门均由如山题署。《天津通志·军事志》标出方位：包括东西南北4座正营门和10座偏营门。四座正门：位于今唐家口附近的寅宾门（俗称正东门），位于善庆庵附近的西成门（今西营门），位于海光寺南部的来薰门（今南营门），位于红桥附近的拱辰门（今北营门）。10座偏门，按照东南西北顺时针方向排列，分别是位于小树林东北部的镇远门（俗称东营门）、位于今大营门东北部的朝宗门（俗称直沽营门）、位于今大营门的凝晖门（也称梁家园营门，即今大营门）、位于今小营门的厚德门（俗称小南门）、位于通小稍直口处的三庆门（俗称小西营门）、位于芥园附近的顺轨门（俗称西北营门）、位于今校场对河处的保卫门、位于今通大觉庵路的绥丰门（俗称小北门）、位于今新开河窑洼附近的翊运门（俗称堤上门）、位于今北站附近的建魁门（俗称东北营门）。

大营门和小营门位于海大道之上，作为海大道的咽喉和军事防御设施，可最大限度地抵挡从大沽海口登岸的进犯之敌。

海大道上还曾设复兴门一座。1947年国民党市政府所设军事卡口（并无所谓的“门”），包括：忠孝门、仁爱门、信义门、和平门、大同门、林森门、力行门。复兴门在今河西区复兴桥附近，今天只是作为地名保留下来。

侵略者的进攻与破坏

海大道是大沽口联系津城的重要干道。近代以来,帝国主义入侵,都先攻破大沽口,然后将舰艇开进白河(海河)而上,沿河炮击村庄,抢夺粮船,或水陆并进,海大道及其沿线村镇也遭到深重的劫难。

1858 年、1859 年和 1860 年的三次大沽口之战是第二次鸦片战争的组成部分。三次大沽口之战的缘起是英法美等国企图通过所谓"修约"来扩大其在中国的权益。

1858 年第一次大沽口之战。1856 年英国借口"雅罗号轮船事件"对广州发动攻击,法国则借口"马神父事件"也加入了

1958 年 4 月,英、法、美、俄四国公使照会清政府,要求派遣人权代表到大沽谈判。图为分别插有四国国旗的小划艇,在大沽南炮台向清政府官员递交照会的情景。

侵略行动。英法联军在占领广州后,继续北上天津直逼北京,向清政府施加压力。1858年2月,英、法、美三国驻上海领事向清政府递交照会,重申修约要求,邀清政府3月底以前派全权代表到上海举行谈判,否则将采取必要手段。由于清政府没有采取对策,英法联军于1858年5月攻占大沽口,进而占领天津,并于6月中旬强迫清政府分别与英、法、俄、美四国签订了屈辱的城下之盟——《天津条约》。

1959年第二次大沽口之战。1859年初,英国政府派普鲁斯(额尔金之弟)连任驻华使节,并到北京与清政府交换《天津条约》。清政府令桂良、花沙纳在上海与各国换约,另一方面令僧格林沁在大沽口布防,同时在附近水域设置障碍物,阻止英法舰队闯入白河。6月初,先后抵达上海的英、法、美公使拒绝与桂良、花沙纳会谈,执意进京。三国集结一支有英舰19艘、法舰2艘、美舰3艘,官兵3000多人的舰队,6月13日驶抵大沽口。清政府只得允许公使进京换约,但要求舰队停泊在白河口外,公使由北塘登陆经天津进京,随行人员不超过20人,不准携带武器。6月22日,驻守大沽的僧格林沁奉命照会英、法公使,指定他们由大沽海口北15公里的北塘登陆。普鲁斯拒绝按清政府指定路线和方式进京,并声称“定行接仗,不走北塘”。6月24日夜,英法联军先小舢板船驶入拦江沙内,并轰断拦河铁戗的大铁链二根、大棕缆一根,但很快被清军哨船截回。25日下午2时,英法联军“合船蜂拥直上,冲至第二炮台,直撞铁链”,并发炮轰击大沽口两岸炮台。僧格林沁忍无可忍,立即命令驻守大沽南北炮台的各营官兵开炮还击。经过一昼夜的战斗,英法联军遭到惨败,至少3艘英舰被击沉,多艘战舰被击伤,英法联军只好狼狈撤出战斗。

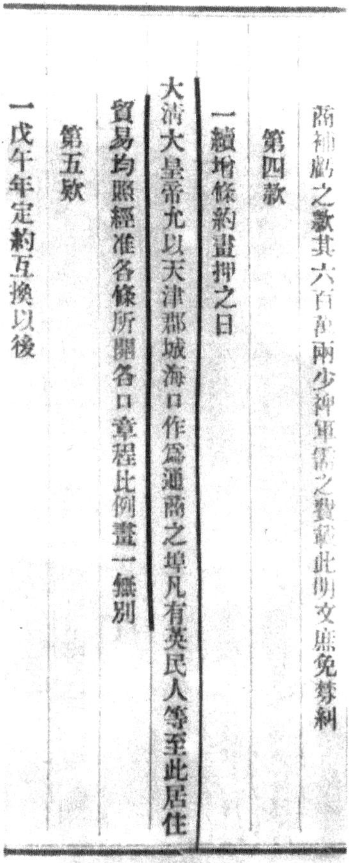
商補虧之款其六百萬兩少補軍需之費載此明文庶免葛糾
第四款
一續增條約畫押之日
大清大皇帝允以天津郡城海口作為通商之埠凡有英民人等至此居住
貿易均照經准各條所關各口章程比例畫一無別
第五款
一戊午年定約互換以後

1860年10月24日签订的中英《北京条约》中关于开辟天津为通商口岸的条款。

1860年第三次大沽之战。1860年英法联军占领新河后，僧格林沁奉命加强塘沽防务，命塘沽副都统克兴阿、侍郎文祥扼守壕墙，严加戒备。8月14日凌晨，英法联军数千人扑向塘沽，枪炮连环相持两小时之久。最后联军凫水由苇塘包抄，清军兵力不支，退至大沽口北岸炮台。8月21日凌晨，英法联军千余名步兵，又集中火力向大沽北岸炮台猛烈轰击，乐善督率清军奋力反击。战斗自早晨5时至8时，炮火始终没有中断过。10时半，北岸炮台失陷，乐善同千余名官兵壮烈殉国。北岸炮台失守后，僧格林沁认为南岸炮台“万难守御”，命南岸炮台守兵尽撤天津。随后，直隶总督恒福在南岸炮台挂起免战白旗，把三座炮台拱手交给英法联军。此后，英法联军经天津进入北京，放火烧毁了圆明园。

三次大沽口之战，除第二次没有打进来，其中第一次和第三次，海大道上的咸水沽、葛沽等地均为英法联军的入津要道。据载，1858 年 4 月 20 日，仓场侍郎崇纶赴大沽海口，午刻至咸水沽地方，布置堵防英法联军等入侵天津事宜。5 月 22 日，谭廷襄令天津镇重整步队，前赴新城以备迎敌，崇纶等留守天津。谭廷襄暂住咸水沽，以待步兵军旅。同时命令于贺家口河岸，挑濠安营设炮。23 日，英法军舰九艘侵入并停泊咸水沽，守备张振熊、知州卞宝书乘车插白旗前往夷船问话，未得上船而回。谭廷襄率清兵抵葛沽后折回，暂住海光寺。由于清政府政治腐败、经济落后，缺乏发动民众抗击侵略者的有效手段，特别是与英法联军存在着武器装备与训练上的巨大差距。最终，英法联军得以由大沽口沿海河，经咸水沽侵入天津。

1900 年，八国联军进犯天津、北京，海大道一线虽有坚固的防御设施，也未能抵挡侵略军的进攻。

1900 年 6 月 15 日，英、法、美、俄、日、意、奥八国联军的各国海军将领在俄军旗舰露西亚号上召开军事会议，推选年长

1900 年 6 月，集结在天津大沽口外的八国联军舰队，其中包括英舰 14 艘，日舰 23 艘，俄舰 15 艘，法舰 10 艘，德舰 2 艘，美舰 6 艘。

的俄国海军上将海尔德布朗为大沽口联军行动总司令，确定了水陆两路进攻大沽炮台的部署。当天黄昏,联军的军事行动展开,前几天以护送商人为由闯入内河的俄、美、日、英等国军舰,突然包围了停泊在于家堡附近的北洋海军。海军统领叶祖珪一弹未发,就在旗舰海容号上挂起白旗,使驻守大沽炮台的清军陷于孤立无援的境地。

6月16日上午,联军海军将领在露西亚号上,召开第二次军事会议,确定了联军舰只具体作战位置,同时陆军部署也基本就绪。16日下午,在俄舰保布号上召开第三次军事会议,决定向大沽炮台守将罗荣光递交最后通牒,限令17日凌晨2时之前无条件撤出炮台。当日下午5时,联军特使巴克梅迪夫,到大沽南岸主炮台营盘议事厅递送通牒，骄横地要求罗荣光撤出炮台,罗称“荣光守土有责”,断然拒绝了联军的无理要求。16日晚11时,距“最后通牒还差三小时,联军即向大沽炮台发起攻击。罗荣光指挥守军顽强抵抗，激战至17日上午9时,罗荣光在孤立无援情况下,被迫率清军残部千余人撤至新城。有资料说,当时,沿海的炮台都被侵略者的炮火摧毁了,唯独新城炮台无法摧毁。曾参与李鸿章与八国联军谈判的张佩纶有文章说：“庚子之乱，沿海炮台悉毁，独武壮(周盛传)所建

侵华联军总司令、德军元帅瓦德西

新城各垒,联军攻之,竟不能下。”当然,只有一个新城炮台是挡不住侵略者罪恶的脚步的。1901年,十一国公使迫使清政府签下了屈辱的《辛丑条约》,其中就有一条“拆毁大沽炮台及有碍京师至海通道之各炮台”。李鸿章亲自批建和验收的新城炮台,一座敌人轰之不倒的炮台,又由他在条约上写下了拆毁字样。

俄军在看管抓捕的人民

联军攻陷炮台后，立即大批登陆,占据塘大地区各村镇，并由水陆两路大举向天津、北京进犯。海大道沿线村庄屡屡遭劫。在白塘口地方，法国侵略军强抢赵姓老人耕牛,并把老人杀死。其二子持械复仇,刺伤一名法国士兵,结果双双被吊死在法舰的桅杆上,子妇二人闻讯自尽。侵华联军总司令、德国元帅瓦德西在写给德皇威廉二世的报告中称:“从大沽至天津之间,以及天津重要部分,已成一种不可描写之荒芜破碎。据余在津沽路上所见,所有沿途村舍,皆成颓垣废址。”

军民的斗争与反抗

帝国主义的入侵给海大道沿线的人民群众带来了深重的灾难，同时，也遭到军民前所未有的激烈反抗。清咸丰八年(1858)5月19日英法联军第一次进犯大沽口，第二次向南北炮台发起了进攻。坚守炮台的爱国官兵同仇敌忾,奋起迎战,坚守阵地,宁死不屈。一名炮手牺牲了,另一名炮手就自动顶替上去。英法联军依仗猛烈炮火把北炮台的台顶掀去,但守台的士兵毫不畏惧,纷纷从炮台上跳下来,和准备夺取炮台的敌人展开肉搏战。另外一座炮台被法军占领,但很快就被中国士兵舍身炸毁。炮台守将游击沙元春在联军轰击炮台时,坚守不撤,被流弹碎片击中腹部,腹部破肠出;另一名守将都司陈毅在负伤后仍然坚持血战,两人先后壮烈牺牲。爱国官兵勇敢浴血奋战的无畏精神，以及他们的炮术枪法，使侵略军大为震惊，他们不得不承认中国官兵在大沽口“进行了英勇的保卫战,有些军官就地自刎而不愿苟生”。

清咸丰九年(1859)6月25日英法联军第二次向大沽口发起进攻,守卫炮台的爱国官兵“郁怒多时,势难禁遏。各营炮位环轰叠击,击损夷船多只”。嗣后,英法联军又派出“小舢板二十余只，满河游驶”，并靠近南炮台，强行登陆，又遭到清军火枪的“连环轰击”。这一仗共击沉英法军舰三艘，打死、打伤联军四百余人，连英军司令贺布也受了重伤。当时，大沽一带的群众欢欣鼓舞，争相送上饼面食物，犒劳守台将士。即使在战火纷飞的时候，仍有许多群众不顾生命危险，络绎不绝地往炮台上运送军需；遇有紧急情况，不少群众还自动担负起递送军事情报的工作。这次胜利，是鸦片战争以来清军在抗击外来侵略中取得的第一次大胜仗，也是第二次鸦片战争中唯一的一次胜仗。

清咸丰十年(1860)英法联军集中三万兵力、大批军舰和强大的火力，第三次进攻大沽口。在侵略军猛烈的炮击轰击之下，守卫大沽口的清军爱国将士毫不畏惧，亲眼见到清军将士浴血奋战的一名外国记者说，清军用“难以描述的勇敢精神、寸土必争地进行防御”。直隶提督史荣椿镇守南岸中炮台，身先士卒，亲自发炮攻打敌舰，后来被敌舰炮弹炸成重伤，史荣椿在生命垂危之际，仍旧指挥部下奋勇抗敌，最后高呼“杀贼”而死。大沽协副将龙汝元镇守北岸炮台，奋勇当先，坚持亲自发炮，经久不下火线，不幸被敌炮击中，当即阵亡。他们英勇抗敌的事迹，可歌可泣。

以上所举只是在第二次鸦片战争中于海大道东端——大沽所发生的战斗，由海大道上行，军民的抗敌斗争亦是可歌可泣。海大道上的土城村(在今河西区)1900 年 6 月八国联军入侵天津时，为了袭击南乡一带的义和团，将土城村偏北处的“湾兜子”作为一个重要的登陆点，在此曾和义和团交战，“洋兵伤者不过数人，义和拳所剩无几”(刘奎龄语)。当时土城人民积极参加义和团，在“金仙观”内设坛，焚香练拳，曾配合聂士成清军在纪庄子同入侵者展开激战，有十数名村民阵亡。刘奎龄先生曾作义和团抗击八国联军的画作，激烈的战斗场面，令人震撼，让人感叹。也是在1900年八国联军入侵天津时，挂甲寺村长孙国瑞带领村民会同义和团利用海河弯曲水浅、敌军行船缓慢的弱点，埋伏在芦苇丛中，用大刀、长矛、土枪、猎枪抗击侵略军，使最先闯入海河弯道的德军兵舰伤亡惨重。从5月到6月上旬，共击毙敌军一百多人。6月21日，数百德军搜捕孙国瑞等人，孙国瑞为了保护乡亲百姓，挺身而出，英勇就义。

1900年6月八国联军入侵后不久，天津民间人即创作了一批中国军民抗击侵略者的版画。

在天津抗战史上，海大道一线也曾写下重重的一页。如咸水沽，这里地处津南游击区，敌我斗争犬牙交错。由于其水陆交通顺畅，且是天津市区通往小站、葛沽、塘沽的咽喉要道，因此，七七事变后，日军侵占了这一地区。咸水沽随即成为日伪当局推行“米谷统治”，实施残酷殖民政策的“中心区”。1944年10月，中共津南县工委建立，开始了建党建政工作，并领导地方武装与日伪展开激烈的拉锯战。1945年6月至7月，津南抗日武装向咸水沽之敌发起攻击。并于7月17日攻入镇内，摧

津南支队的战士们

毁了伪警察所。敌人惊慌失措，紧急向天津日军请求救援。

1945年8月日本无条件投降后，为配合八路军攻打天津，遵照冀中军区命令，九分区第73团担负攻击津南区咸水沽、葛沽的任务。此时，驻守咸水沽的日军已撤到天津市内，留守的伪军便成惊弓之鸟。为迅速打下咸水沽，73团拟订了详细的作战计划；第一连首先攻克咸水沽西大桥的伪军据点，随后设伏于咸水沽与小站道路两侧，准备打击增援之敌；第二连进驻灰堆，阻击天津增援咸水沽日军；其余部队则秘密潜入靠近咸水沽一带的村庄，做好攻击准备。在很短的时间内，将据点内的敌人全部消灭，天津日军出动增援部队，中途在灰堆遭73团二连的顽强阻击，在付出惨重代价后，只好退缩回天津市内。咸水沽镇内伪军也无心再战，趁夜黑仓皇逃窜。

灰堆（属今河西区）是津门通向海口的要道，也是兵家必争之地。这里地形险要，清兵设有军营。鸦片战争后，清政府在这里设有重兵。1939年日寇侵华曾在这里设大乡公所，驻兵盘踞，控制甚严。国民党统治时，也曾派重兵把守。解放天津时，在这里打了关键性的一仗，即“清扫外围的战斗”。1949年1月5日晨6时30分，解放军46军（九纵）138师（原27师），在师长任昌辉、政委王方郁率领下，向灰堆中心发起进攻，迅即突破敌人防御向两翼扩展,在镇内十字街展开激战。经过 7 个小时的交锋,5 日下午 1 时攻入灰堆十字街东北侧国民党保安司令部,全歼国民党军 3800 人,俘获 3200 人,活捉津南敌警备队少将司令官白英杰,为突破天津城防创造了有利条件。

富鱼盐之利　促工商之盛

——海大道的经济贸易

交通运输的主干

海大道给海河以西津城以南广大地区带来了极大的便利。1989年9月天津古籍出版社出版的《天津古代城市发展史》(郭蕴静主编、涂忠涛副主编),在言及清代天津的陆河交通时特别提道:"天津大沽线:从天津城区沿海河南岸经马家口(今天津广场对岸),梁家园、土城、灰堆、双港、洋码头、咸水沽、葛沽至东大沽,全长约七十里。它原为海河叠道,清乾隆初年由兵备道陈宏谋督修,具有重要的军事、经济价值。清代康熙、雍正、乾隆三朝在海河叠道修有四闸:即离大闸十里的贺家口闸,离贺家口东南十里的何家圈闸,离何家圈东南十二里的双港闸,以及双港东南二十里的白塘口闸。四闸均建于清乾隆二十八年(1763),清嘉庆十一年(1806)时重修。另有冯家口引河闸:位于吴家咀,雍正五年(1727)时筑建。大沽引河闸:位于咸水沽东五十里,筑建时间不详。清乾隆二十九年(1764)兴修闸桥有:城东南闸桥,在城东南;马家口闸桥,在城东南里许马家口;贺家口闸桥,在大闸南十里贺家口;何家圈闸桥,在贺家口南十里何家圈;双港闸桥,在何家圈东南二十里双港;白塘口闸桥,在双港东南二十里白塘口。海河干流的渡口有:玉皇阁义渡、天后宫义渡、盐关渡、龙王庙义渡、小圣庙渡、马家口渡、火神庙渡、行宫渡、田家庄渡、土城渡、陈唐庄渡、何家圈渡、灰堆渡、冯家口义渡、双港渡、白塘口渡、后辛庄渡、行宫渡即宝船口渡，田家庄渡即贺家口渡。另有明朝时设立的寇家口渡、大直沽渡。这里的渡口均与海河叠道相沟通。”

如果说海大道是一条纵向道路的话，那么与其相交的还有数条横向道路。如东起双港，途经海河湾、南马集，西至梨园头的路；北起海大道，途经白塘口、新桥、巨葛庄、八里台、大孙庄至万家码头的路；北起咸水沽西大桥，途经北闸口，至小站的路；北起葛沽，途经小站、双闸，南至万家码头的路；南起海大道茶棚西，至东泥沽的路；海大道至高庄子的路等，它们将海大道与海河右岸的部分村落相连通，形成以海大道为骨干的交通网。特别是当年周盛传率领盛军修筑的马新大道，使得新城、葛沽经小站直通青县的南运河畔马厂，全长 140 里，大道修得又宽又平，快马，半天就能打个来回，它与海大道的走向形成“锐角”，在葛沽并成一股，直到新城、大沽，今天这条路依然不可忽略。

海河作为运输线，在津南的交通上与海大道并重。尤其是 20 世纪初对海河干流进行多次裁弯取直工程，缩短河流的长度，为内河航运创造了较好的条件。

海河干流由于流域地势平缓等原因，河道多处弯弯曲曲，很容易淤塞，每年枯水季节，航道变浅，成为海上交通的“脖颈”。在清末，轮船往来于租界码头和大沽口之间，尽管只有数十公里，却常常要花费几天的时间。由于河道弯曲狭窄，轮船经常发生相撞，或触淤搁浅。因此，裁汰弯曲的河道，使得海河干流水道尽量调直，是从根本上治理海河的措施。

最早的一次裁弯取直工程是1902年完成的挂甲寺到杨庄一段。其后，直至1924年，一共完成了六段裁弯取直工程。海河河道因此缩短了26.3公里，河床普遍挖深、拓宽，增加了河道的纳潮量。这不仅明显改善了海河航行条件，也大大提高了海河的泄洪能力。

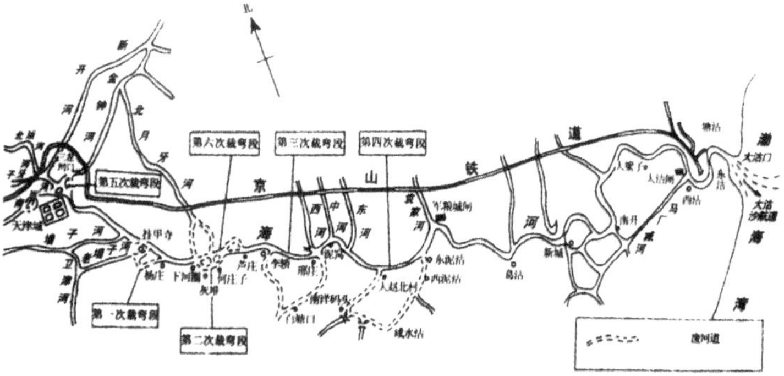

海河历次裁弯工程示意图

万鲁健编译的《津沽漫记——日本人笔下的天津》，载日人服部源次郎1925年来津见闻，记有其3月27日“白河潮航”之所见，反映了当时在海河行船的顺畅。他说：“早晨我一睁开眼就看到陆地和房屋，走到甲板上，船已经达到白河，河道仅有一百七十尺宽，浑浊的河水滔滔而流。海河两岸是广袤千里的沃野。杨柳沐浴在春光中，处处是农村风景，三三两两的农夫正在田地忙碌着，有的播种，有的挑水，还有的使用长柄铁锹笔直耕种的，看上去一点也不觉得劳累，反而觉得他们很知足。我乘坐二千吨级的船溯河而上还是首次。映入眼里的风景让人难以形容，心情舒畅。我想让女友看看，便坐汽船让她参观连绵四十里的田园风光。特别是隔着几个村庄，二千吨级的外国轮船在前面行走，天溯丸紧随其后，和从天津而下的轮船擦肩而过的瞬间，让人感觉非常愉悦。”

另外，民国七年(1918)，三岔河口进行裁弯取直工程，裁直了北运河一个大湾，新开了一段新河。将望海楼南的老三岔河口移到了金钢桥以西、大王庙以北。缩短航道长度 1585 米。同时还裁直了南运河侯家后至老铁桥一段大湾。民国十年(1921)裁直南运河梁家嘴一段，取消邵公庄至赵家场的西大湾子。因这几次裁弯不在海河干流之上，与海大道关系不大，此处不再赘述。

为盐业、盐场提供便利

周汝昌先生《简评天津市津南区区志》中说:“今之津南区,旧名南郊区,实为海河的东南岸一侧的广袤地带。这种地方的开发,大约自元代为始,即《元史》记的以军五千人于直沽酸枣林屯垦之事。然而时至明代,这一带近海之地仍以产盐为主,葛沽、咸水沽的‘丰财’‘富财’两大盐场,载于史册。”海大道恰是贯穿“海河的东南岸一侧广袤地带”的一条主干道。这里古为渤海退海之地,历史上盛产鱼盐。先民多以制盐为主,世代相继。元代,盐业更加兴旺,制盐规模扩大,成为长芦盐区重要产盐之地。

元至元二年(1265),朝廷在葛沽建立兴国盐场衙署和富国盐场衙署,在高家庄建立厚财盐场衙署。各场有场界,衙署有朝廷派驻的官员,其主管称司令,下设司函、管勾、同管勾等司史,主管督制收买及催办盐课之事。至元二十四年(1287),官府为长芦盐区二十二个盐场增拨灶户两千三百七十六户,以增加产量。

明洪武二年(1369),盐场主管改称盐课司大使。永乐十三年(1415),朝廷始设长芦巡盐御史,每年两次巡视盐场,监察盐务及督催盐课。清康熙十八年(1679年),厚财盐场并入兴国盐场,这里存有兴国、富国、丰财三个盐场。清嘉庆十年(1805)修竣《长芦盐法志》,对各场署的机构设置、职责、场界、户籍、风化等做了详细记述。

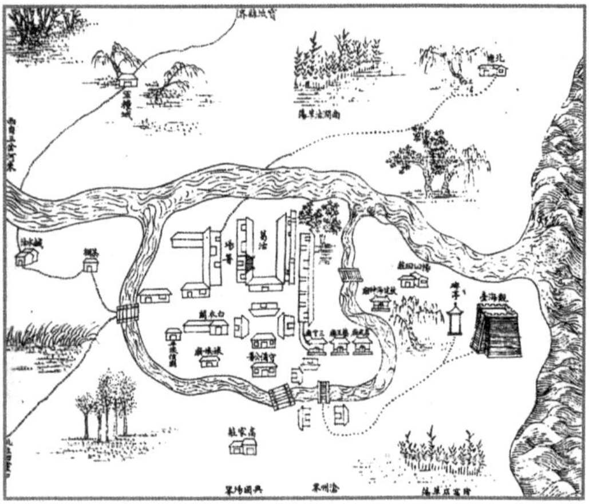

《长芦盐法志》中的丰财场图。丰财场是塘沽盐场前身，建于元朝至元二年(1265)。清代场署设在葛沽镇,1913年迁到塘沽井家庄,1934年又迁到复兴庄(在后来的津碱厂院内)。葛沽晒盐遗迹已经无存,但留下了一处与晒盐有关的地名——大滩。

《长芦盐法志》说:“兴国场大使衙署旧在咸水沽,后徙高家庄。”“兴国盐课司大使一员,秩正八品。掌催灶课,巡视锅团,督修场舍以御凌阴,浚滷池以备煎晒。有包纳折镪、和土卖筹者,闻于分司禁治之。”有“部颁满汉篆文铜印”。

“富国场大使衙署,旧在咸水沽,今移天津。”“富国场盐课司大使一员,秩正八品,职掌同。”有“部颁满汉篆文铜印。”“俸银四十两,养廉三百两。额设攒典一名,青衣二名,铺兵一名。”场界“东至上古林,接兴国场界,西过大头港,至子牙镇,南近王家庄、芦北口等处,北滨北运河,东北沿东淀河。”“广延百六十里。”“原额灶丁八百九十九丁,一百六十八户。”场区民众“共男妇大小八千六百六十口”。

"丰财场大使盐署，在天津葛沽。""丰财场盐课司大使一员，秩正八品，职掌同。"有"部颁满汉篆文铜印"。"俸银四十两，养廉三百两，额设攒典一名，青衣二名，铺兵一名。"场界"西接咸水沽，南界兴国场，北界宝坻县，东北南涧沽"。"延广四百里有奇""原额灶丁九百四十七丁，一百四十户。"场区民众"共男妇大小二万六千六百五十七口"。

在封建官府、盐商、大灶户的层层盘剥下，盐民的生活极为困苦。明代曾有人作诗痛述盐民的悲惨处境："煮盐苦！煮盐苦！濒海风霾恒弗雨，赤卤茫茫尽草枯，灶底无望空积卤，借贷无从生计疏，十家村落逃亡五。晒盐苦！晒盐苦！水涨潮翻滩没股，雪花点散不成珠，池面平铺尽泥土，商执支牒吏敲门，私负公输竟何补？儿女呜咽夜不炊，翁妪憔悴衣褴褛，古来水旱伤三农，谁知盐丁同此楚。我欲挽回淳古风，深惭调燮无丝补。且以仁煦摩，且以义鼓舞，勿使心似墨，勿使政如虎。中和一致雨旸时，煎晒应无当日苦"。（郭玉常《悯盐丁》，见雍正朝《重修长芦盐法志》卷十四）由于制盐技术落后，又多是一家一户的个体生产，能力低下，除盐税和贡盐之外，余盐虽可以出卖，获得一点收入，而苛捐杂税却十分重，所

1926年建成的盐业银行大楼（今赤峰道12号）彩色玻璃上绘制的盐滩晒盐景象

以有“庶民之中，灶户尤苦”之说，这是因为灶户“粮食不充，安息无所。未免预借他人，所得课余，悉还债主，艰苦难以尽言。小屋数椽，不蔽风雨，粗粟粝饭，不能饱餐”（清雍正《重修长芦盐法志》卷十四）。

盐工集坨情景。集坨是将收集后的盐堆成坨暂存，两人抬着近百公斤的大筐，踏着盐粒，走到好几米高的坨上，其劳动强度可想而知。

海大道产盐区多是斥卤之地，有的地处偏僻，人烟稀少。明代盐业兴起后，商人往来这些穷乡僻壤，刺激了商业活动，也有利于农业的兴起。明代中叶以后，一部分卤地设场开滩制盐，经过一段时间，海滩淤积，引海水入沟十分困难，盐产量低，成本高，故有的被裁废，有的改为农田。天启朝时，咸水沽、葛沽一带，就有荒盐滩改为良田的，这对农业生产必是有意义的。

盐业的生产、运输、销售是三个重要环节。盐场主要是从事盐的生产，盐生产出来需要转运，无论官运、商运、民运，不外乎水、陆两种。因为盐是笨重商品，搬运量大，销售地区又广，劳动强度大。路运盐以牲口大车为主；水运则以帆船、漕船为主。前者运费高，路途不便；后者运费低，运输方便，故大宗货物，多由水路运出。兴国、富国、丰财三盐场靠近海河，盐包直接由水路运往天津。

尽管如此，也并不排除陆路运盐的方式。据载，丰财、芦台盐场,为了运盐方便,也修了许多平坦大道通往各地。这些大道可供马拉大车行走,为天津盐场提供了运输、销售的方便。清雍正年间葛沽《皇恩宪德万民感恩碑》,其碑文记,葛沽“地多斥卤,民业渔盐,允念小民就滩自买食盐,不用盐商开设盐店。”清乾隆年间,政府还有这样一条规定:凡年在六十五岁及壮岁有残疾的,或妇女孤寡无依无靠的,准报各地方官验实注册,给以烙印腰牌,叫“牌盐”,后改称“老少牌盐”。准许这些人每日挑卖盐四十斤,只许陆路运行,不准乘船运盐。(参见嘉庆《新修长芦盐法志》卷十)照此看来,地处津南的贫困灶户,无非也是由海大道将盐运至津城内外贩卖的。这条大道对天津盐业的促进作用自然也是不可小觑的。

盐从盐田运到坨地后,要用木锨或铁锨修整成十多米高的盐坨。

漕运带来的昌盛

盐业和漕运是古代天津城市的两大经济支柱。海大道与盐业息息相关，与漕运也有着千丝万缕的联系。

在大沽常见的大型中国货船

自金至明,漕运一直是关系着首都生计的重要问题,清代依然如此。康熙帝继位不久,便把漕运列为影响国家安危的三件大事之一,他说:“漕运有误,关系非轻。”天津一直是漕粮的转运中心,清代的漕运沿袭明制,采用河运。河运主要是通过运河(里河运粮),漕船不经过海河主干道。清道光初年,安徽巡抚陶澍建议漕粮改走海路,实行官督商运,被清廷采纳。清道光六年(1826)清廷委陶澍为江苏巡抚,主持漕运的海运工作,并在上海设立海运总局,在天津设立验收局。同时雇用民间沙船一千艘,载运漕粮一百五十六万石,在海上航行十余日后抵达天津，从而解决了运河淤塞带来的困难。鸦片战争以后，由于近代交通的发达，自清同治十一年(1872)起漕粮改由轮船运输。无论是民间沙船还是轮船，一般都要驶入海河，再在天津卸船，由此也在一定程度上带动起海大道沿线村镇的经济。

值得一提的是往返于辽东的海运业。清初虽然实行海禁，但对天津海船驶往辽东特别予以照准，这主要是因为天津人稠地薄，而辽东粮豆充盈。康熙初年，朝廷接受了塘沽海上官纲户郑世泰的建议，由官府发给龙票，准许他“用海舟贩运奉天米谷，以济津门”。后来，当地郑尔瑞、蒋应科、孟宗孔等数家养海船的大户，也因此而专门从事奉天海运。康熙二十三年(1684)海禁取消，天津至辽东运粮的海船日渐增多。至乾隆初年，粮禁亦开放，米谷可任意流通，天津的运粮海船顿增至三百余艘，运量也由七千余担增至二万余石。嘉、道年间，天津的运粮船更增至六百余艘，每年往返于辽东四五次或五六次不等，运量则猛增至一百万石以上，沿海贫民以搬运粮石为生的不下数万人。

随着海运的发达，天津养海船的大户日渐增多。海大道沿线，如东大沽的乔岱，有海船十九艘，每年可往返辽东五六次，半年即获银三万两。土城刘家、大口村韩家也都拥有海船多

19世纪的海河漕运

艘,专事辽东贩粮,成为当时天津著名的富户。除贩粮外,天津还有往来于渤海沿岸其他城市进行商业航运的船只，他们的海船经常往来于东北大连、营口、沙河子(丹东)和南方江浙一带。把天津地区的稻谷、蔬菜等货物运到东北和南方,再把东北的大豆、高粱、木材以及南方的土特产运回。海大道沿线村镇一带的人被称为“海下”人。当时的海下漕运对南北的物资流通起到了很大的作用。至今营口、丹东和江浙一些地方仍有不少海下籍人氏，大多都是当年随大海船在彼处扎根落户船工的后代。

在海下,只要冬天一到,在海河封冰之前都要收船,趁这冬闲之际,正好是艌船的好时机。小船是平底且轻,一般都拉到河滩上,把船反扣过来修缮,而大海船是尖底且笨重,必须到船坞里去艌。船坞一般是养船家的码头,设在海河岸边,开一短渠使船坞与海河相连，趁河水涨潮时将海船经渠行至船坞,落潮时再把船坞之水泄出,并在下次来潮之前在紧挨海河一端打埝，再把船坞的余水用提水工具弄干，再将船垫高架稳,方可艌船。必须备好扒锔、油灰、麻刀和艌船的工具,凡船板稍有糟朽,必剔除换上新板。待来年开春出海时,再将短渠土埝挖开,等潮涨时放海河水入船坞,海船便可驶入海河。

咸水沽西头的周家便是“养大船”的出身,以生命之重,冒风涛之险，在渤海中作航运生涯。周汝昌的侄子周贵鳞先生说,周家就是“养船”发家的,先人早先给镇上东头大户韩家船上做事,后来挣得自己有了船,发了家,逐渐成为镇上的名门望族。周家拥有三艘海船,老海河(后被裁弯取直)边也有了周家的专用码头装卸货物,叫“同和码头”。

周贵麟先生说,周家的住宅紧挨着“海大道”,清代康熙、乾隆两位皇帝曾从此路去大沽海口祭“海神”，祈盼风平浪静，护佑海上平安。“海大道”街北面也有了周家的店铺：同和、同源、同达等米粮、酱园等。到周汝昌小的时候，只剩下一个“同立”木号的小木匠铺。至今，咸水沽西头还有一处“同源里”的遗迹（《老海河边周家的“爽秋楼花园”》）。

大型中国货船

咸水沽四大养船家的船名别有风趣，如郑家的船叫“大摆渡”“铁锤”；徐家的船叫“东洋鬼”“大酒楼”；周家的船叫“五百担”“登悠”“双梯子”；田家的船叫“醋坛子”“醋篓子”，还有叫“烟牛”“二篮子”“楠木底”等。养船人家庭院里都立有高杆风向标，高杆上绑一个用红布扎成的扫帚，并挂一盏红灯，挑一面红布镶蓝边儿的小旗，以观风向。

漕运给海大道边的古镇带来了昌盛。

屯田与农业

海大道沿河近海，地势低洼平坦，沟渠交错，大道两侧多洼淀，易于沥涝，地下水位高，土壤含盐高，种粮必须先用淡水洗盐碱。早在宋元时期，就有在这一地区垦荒除涝治碱种稻的记载。北宋淳化四年(993)，何承矩(935—1006)采纳临津县令黄懋的意见，发诸镇兵 18000 人，给其役，凡雄、郑、坝州、平戎、顺安等军，兴堰六百里，置斗门引水灌溉，西起顺安，东到泥古海口，广袤数百里，悉为稻田，民赖其利。从此，宋代在天津、河北屯田种稻，一直延续了 73 年 。《元史·武宗纪二》记载：元至大二年(1309)“摘汉军五千，给田十万顷，于直沽沿海口屯种”。

明万历二十九年(1601)，天津海防巡抚汪应蛟，利用驻防兵丁在葛沽、白塘口两地，用闽浙濒海治理盐碱地法，筑堤围田防涝，穿渠灌水洗碱五千余亩，每亩收四五石，并逐渐扩大到何家围，吴家嘴、双港、辛庄、盘沽、贺家围、东西泥沽等十围，分别用“求、人、诚、足、愚、食、力、古、所、贵”十个字作为代号，即后来说的“十字围”。汪氏所辟“十字围田”是津门水利著名设置。它利用海河潮汐的特点，涨潮时引水灌溉，退潮时顺流排水，循环吞吐，以反复冲涤、不断降低土壤的盐碱成分，以适宜水稻种植。这种举措收效甚佳。

明天启年间(1621—1627)，先后又有左光斗、董应举、芦现象、张慎言等官员，兴修水利，引海河水，屯田种稻、办理农学，在汪应蛟“十字围”的基础上，又增“出、作、人、息”四字围。

明万历四十一年至天启元年(1613—1621)大科学家徐光启先后四次来津，致力于垦田种稻。他沿海河下游直到葛沽，亲自踏勘土地，发现一些土地“虽低而近大江(指海河)，可作岸备涝，车水备旱”，断定“一半可作水田”，“一大半在内地，开河即可种稻”，并解决了南种北引，施肥、耕作、以水治田和灌溉等种稻技术问题，推动了水稻种植。徐光启屯田之地，在葛沽镇一带。

清康熙年间，天津总兵蓝理在海光寺至贺家口一带垦田种稻，秋收亩产三四石不等。雍正年间，设水利营田四个局，陈仪领天津局，修复汪氏十围“使白塘、葛沽之间斥卤尽变膏腴”。

清雍正年间的营田十围是指：贺家围：这里东濒海河，因桥建闸，周围筑埝，围内开渠，纵横均可得到灌注。此处共营田38顷93亩。官民自营9顷；何家圈围：雍正五年(1727)，在汪应蛟屯田的旧址，开筑营田83顷16亩。民间营田23顷41亩；吴家嘴围：三面临河，在天津的田地中向来属高产之地。营田共27顷92亩。民间自营14顷41亩；双港围：也是汪应蛟屯田旧址。在其原有沟渠的基础上，修筑了东与何家围沟渠相通的渠道，可互为蓄泄。营田计38顷25亩5分。民间自营田38顷73亩；白塘口围：利用原明旧有闸基石，添砌建造，又设涵洞两座。营田64顷67亩。民间自营田4顷72亩。直至道光、咸丰年间仍有“白塘口稻田六万三千亩”之说；辛家围：汪应蛟屯田旧址。村东西各有沽河一道，西河为屯田旧渠，东河为天津一郑姓所开稻田。雍正初年疏浚二河，各置闸一座，使围内沟渠交错，起到引新泄故、留沃去碱的作用。此地营田61顷62亩。民间自营田59亩。葛沽、盘沽二围：雍正五年(1727)分建围圩，开渠置闸。营田59亩；民间营田91顷；东西泥沽二围：清政府在此二围各建进水闸一座，泄水涵洞两口，营田35顷27亩。民间自营田6顷28亩。

清雍正年间，有从南方来天津买田种稻的殷实人家。清乾隆《天津县志》记载，浙江绍兴徐某来天津，买土地两块。其地一在天津南，为了讨好当局，献给清军作牧马之用。另一块在葛沽，用来种稻，并以江南先进的大轮水车灌田。明、清两朝招募南方人来津耕种，不仅有利于天津水田的开发，也把南方的生产技术传到了北方。

清乾隆《天津县志》卷十一附《营田》记述：明末清初时期，葛沽所产稻米，品质颇佳，几与南方水稻优良品种“白玉堂”齐名。道光年间《津门保甲图说》称葛沽多岔河，雍正时屯田，这里最多，“郡城食稻每取给”。清周楚良《津门竹枝词》诗云：“作粥葛沽稻粒长，汁滤晶碧娄琼浆。三秋可惜无多获，只种东南水一方。”1881年《申报》报道“葛沽多稻田，其米即名葛沽稻”。1930年《天津志略》记水稻，只举葛沽稻。由此可知，葛沽稻在当时作为美餐佳肴很负盛名。葛沽距小站25里，故也有人将葛沽稻视为小站稻前身。

清咸丰九年(1895)，钦差大臣僧格林沁督兵大沽海口，在葛沽、咸水沽一带，挑沟建闸，引海河水灌溉种稻，使天津种稻有所发展。清同治十年(1871)，防军提督周盛传率兵十八营进

牛、驴合套的拉芦苇大车

驻马厂、新城一带，修筑马厂至新城大道，沿途设站，十里一小站，四十里一大站。如今津南区的小站镇、西小站、东大站等地，即由此得名。周盛传率淮军先在新城附近开渠设闸垦田种稻。光绪元年(1875)令淮军十四营移屯小站一带，开挖马厂减河，引南运河(御河)的水，自静海靳官屯经小站至大沽入海，全长85公里，至1880年全部竣工，并建桥设闸，开浚五个耳河，在海边修筑防潮大堤，以防海潮侵袭。在小站一带垦荒种稻多达13.65万亩。盛军屯田前后二十余年，创立了开发沿海盐碱土地的宝贵经验。稻田吸引的定居人群，繁荣了天津名镇建设，进而培育出闻名四海的小站稻。

宋代的何承炬，明代的汪应蛟、徐光启，清代的蓝理、允祥、朱轼、陈仪、陆费瑔、僧格林沁、崇厚、李鸿章、周盛传、王文韶、陈夔龙，或先或后，前赴后继，他们“收地利以实边，设险固以防塞”，“以闽浙濒海沿地之法”而“行于北海”，变水患为水利。蛮荒斥卤，悉为稻田。“且有莞蒲蜃蛤之饶”，把苦水沿边改造成富邦之地。他们所推行的屯田制度和设施，有的依然被利用，被开掘。然而经过时光的磨砺，多数已发生了变化，有的已不复在，但对这方土地的开发、农业的生产、农作物的品质提升等社会经济各方面的发展中的作用却是不可低估。

海大道周边地区出产的农作物，除水稻外，还有小麦、玉米等。此外,作为农副业的蔬菜也有很多品种,如大白菜、韭菜、芹菜、西红柿、黄瓜、青萝卜。

《天津县乡土志辑略》(20 世纪二三十年代)中有关于葛沽镇农作物的记述:“该镇北临白河，居民多从事农业，勤苦耐劳,生产非常丰富,除麦豆蔬菜外,要以桃和稻为大量之出品,并被各地人士共认为特殊农产,不过桃的成熟期不同,因之见的名称也不一,大概分麦红桃、五月半、偏头红、伏香子、大秋白、白毛桃等。这几种桃的种植,都用接木法,果实的滋味,清香甜美,为他处出产者所不及,真是令人吃一想二;每年运售天津市东三省北平上海等地的,大约值数万元。稻的著名,年代很远,种类大概分大青芒、小红芒。红芒先熟,青芒后熟,相隔约两旬。至小站的稻田,乃是清末周武壮公所开垦者。(在近五十年前)所以市上卖的稻米,俱说是葛沽稻,说小站稻的很少。”

关于前辛庄物产的记述:“辛庄出产稻米甚多，据一般人评论,其质性之佳,足可与小站之稻米相抗衡,其他秋麦、大麦、玉米等亦出不少。”

关于秦勾庄,则有“物产”一节,称:“物产以麦玉蜀黍为大宗,稻蔬菜果品次之。河滨产河滩苇,细而短者,供建造及燃料之用,粗而长者劈之以织蓆篓之用,除供给本地之用,贩运他处者,亦甚多。此处如黄叶韭、银鱼、紫蟹为岁暮之珍味者,亦有大量之生产。”

葛沽萝卜尤为世人所重。对于葛沽萝卜的特征,当地人总结出一段顺口溜:“看表面,圆溜溜;摸起来,光滑滑;拿在手,沉甸甸;摔地下,十八瓣;切开看,豆瓣绿;吃起来,甜如梨。”俗话说:“冬吃萝卜夏吃姜,不用大夫开药方。”萝卜有顺气、消食、解表、清淤和预防感冒作用。葛沽萝卜更绝,当地俗语说:“吃萝卜喝茶,气得药王满地爬。”葛沽萝卜口感细腻,甜辣适中,味如水果,盖与这里特有的地理环境和气候条件密不可分。葛沽在历史上被称为“小江南”,地处海河的下游,“一夕随沟渠纵横,潮至千门向水流”,坑塘密布,水质优异,加之春无大旱,夏无大涝,肥沃的土地上由御河水滋润长成的萝卜,虽然个头不太大,但以圆滑周正、皮细皮薄、爽口脆甜享誉津门,传至海内外。

葛沽萝卜一般在霜降后收获,收拔后一部分上市出售,一部分埋藏在低温高湿的土壤中,可一直贮藏到来年五月。萝卜出坑的时间不一,视市场情况而定,多为冬季,少为春季。出坑后的萝卜,头芯钻出鹅黄色的叶芽,尾巴略带白色根儿,装筐装箱后进行批发或零售。菜农在萝卜出坑时,挑选一些个头整、上有全芽、下有全根的作为母体存入菜窖内,待春暖时入地繁育种子。(据李象恒《葛沽萝卜嘎嘣脆》)

渔业与商贸

天津的河流和洼淀盛产淡水鱼类，渤海的鱼虾蜃蛤也很丰富。海大道沿线沟渠纵横，又有大片的稻田，养育着鲫鱼、鲤鱼、黑鱼、泥鳅、鲇鱼、蹦蹦虾及螃蟹等。至于海大道东端的东、西大沽，因靠近渤海，又有众多的河流从这里入海，带来了大量有机物，这便为水产品的繁殖、生长提供了有利条件。每年春暖花开时，各类繁多的鱼虾等水生动物，便汇集到海口寻食、产子。这些水中生物，成为渔业出现的先决条件。

"挂帆商舶秋风顺，晒网渔翁夕照间。"(瞿佑《次直沽》诗句)明清时代，大沽地区90余户居民中，渔户就有50户。《天津县新志》记载"渔人驾舟出海约三百号"，说明了渔业的繁荣盛况。大沽的渔民主要分为两种，一种占有网具、渔船，自己和家人参加劳动；一种是没有网具、渔船，出卖劳动力为别人打鱼的，亦称渔工。他们最早是在海边捕捞，使用的网具很简单。据说到了15世纪初(明朝)，逐渐改进，出现了撩网、棍网。18世纪末(清朝嘉庆年间)，风船增多，开始向离海岸较远的地方去捕捞。抗日战争爆发以前，大沽的渔船与网具又有了极大改进，渔船载重量增加，速度加快，行驶安全。网具又有了拖网、流网、打网等。

清末民初大沽海边抢网的渔民。“抢网”是用两根活动竹竿支开一网片,由人下水在海边推行,主要捕捞白虾、大虾、梭鱼等。

除大沽外,其他地方则主要是捕捞淡水鱼、河蟹等。一位不署名的诗人在《直沽棹歌》中唱道:“云帆十幅下津门,日落潮平不见痕。苇甸茫茫何处泊,一灯明处有渔村。”正是反映了这里的情况。

咸水沽有位先生谈起他年幼时的经历:家里来了客人,怎么招待呢?去老海河边东大桥畔买点鱼,那里有鱼罾,那是一种打鱼的网,一个人就可以操作,而且随打随卖。还可以叫十几岁的孩子,拿上一条白面口袋下河捞蟹。一顿饭的工夫,半口袋河蟹就掏回来了。

葛沽上下的海河之中,1958年海河建闸以前,野生鱼类繁多。一位叫朱景秀的老人回忆:金秋时节,正是河蟹肥美时。忆当年,每当这个季节的夜晚,家家户户开始捉蟹。螃蟹有一特殊天性,就是喜欢光亮。于是,在海河边,在海河的沟沟岔岔边,人们点起一盏盏风灯。那些肥美的大螃蟹,就顺着光亮,争先恐后地爬向岸边。等候在岸边的人们,用一种叫捞扣的小网,挨个捕捉,一个晚上准能逮到满满一桶。所有捉蟹人,都是满载而归。

据说早先的葛沽还是海鲜的集散地。葛沽的渔民很少,从事海鲜捕捞的大多是东沽、西沽的渔民，他们出海打上来的鱼虾，由于地处偏远，村子又小，就都运到葛沽镇上来“批发”。而双港等地则有以贩运海货为生的人，人称“跑海的”。他们在午后蹬着加重自行车，沿海大道而下，赶往葛沽，把趸来的鱼一层冰一层鱼码好，又赶紧往家赶。转天凌晨，沿海大道赶往东浮桥市上卖给卖鲜鱼的小贩。跑海的人，把发不出去的鱼，驮回家在村子上卖，或是用大盐码在缸里腌上，冬底下卖咸鱼。20 世纪 60 年代的时候，海河已经建了闸，葛沽镇在闸里，那帮跑海的不愿跑一百多里地去东、西沽趸货，都改了行种起地来。葛沽镇上随着渔码头衍生出来的行业，比如箍木桶的手艺人、窖冰的工人、专门为市里大渔行运输的脚力，也都转行或投奔他地。

海大道商品交换与互通也是随着“河海转运、鱼盐之利”而发展繁荣起来的。沿线村镇的富商多以经营盐业、海运业、粮食业起家。清中叶，随着海上运输业的发展，养海船的海户日多，他们拥有海船，以招揽商品货物的运输及兼营商业而致富，成为家资丰厚的富商大贾。随之，他们又开设粮米、杂货等店铺，进而扩展市场，同时也繁荣了一方经济。

当年葛沽有一条东西三里长的繁华街市，叫“当铺街”。大街南北一百多家商铺鳞次栉比，一家挨一家。吃喝穿戴，一应俱全。经营布匹绸缎的有益生祥、同兴和、同升和、益昌、沈记布店等。经营粮食米面的有庆源益、兴发德、盛茂、五合、温和记等，经营南北杂货的有福利、盛兴福、德发永、永兴德、德聚成、庆丰一店、二店、德泰恒等，经营干鲜果品的有春兴德、益发顺、长发顺等，制作出售糕点的有四海香、裕达。典当行有广昌号、天锡、景家典当铺，还有首饰楼、饭馆儿、肉铺、烧锅、酒铺、豆腐店、理发店、洗澡堂、水铺等。

由于商业兴旺，还形成了商贾摊贩、五行八作云集的大小市场。王振森《热闹繁华的“庙前头”》一文中说：“旧时咸水沽的‘庙前头’，是指海大道(今建国大街)南北长街的中部地段。而这块地段的北面，有一座坐北朝南的关帝庙(俗称老爷庙)。庙前有个非常开阔的广场，商贸、娱乐场所大都集中在这里，‘庙前头’成为沽人购物、娱乐的好场所。赶上集日或逢年过节，从早到晚熙熙攘攘，好不热闹，拉洋片的、耍把式卖艺的、变戏法的、捏面人的、吹糖人的、租赁小人书的，不胜枚举。”

作为津城通往渤海之滨的主干，海大道承担着东西两头和沿线村镇商品的陆路运输任务，其在津城与沿海地区在经济贸易和物资交流上所起的作用更是不可估量。据史料记载，早在15世纪后期即明弘治年间，天津的商业就冲破了卫城的束缚，在城外形成了繁华的商业市场。东门外一带紧傍海河，为海陆入津的通衢，粮米、商货多在此装卸；天后宫前，官绅、士庶熙来攘往，店铺、货摊沿街而设，成为天津早期繁华的中心商业区。清中叶以后，城北门外沿河一带日趋繁华。这里紧邻府县官衙，过“浮桥而北，为赴京师大道，运河逶迤其间”。每年惊蛰前后，闽粤商船麇至，船载而来的商货，如铁锅、缝衣针、铜纽扣等，多集中在此地销售，形成北门外新兴的商业

在海河上打鱼的安家船

区。此外，在城厢附近还出现了一些专门集中经营某类商品的交易市场，如肉市、鱼市、菜市、果市、鸟市、骡马市等。至嘉庆、道光年间，闽粤商船还载来了外洋的舶来品，于是，北门外、东门外又出现专售洋货的市场——洋货街。清道光《津门保甲图说》，其中有《东门外图说》称："海河亘其中，米舶、盐艘往来聚焉，故河东多粮店，盐坨亦鳞次其间；河西为赴海大道，路程一百一十里。"又称这一带设有"分司署一，河东汛署一"，且"庙三十有七，街巷四十有九，浮桥一，小桥十，渡口四，闸口一"。海大道的起点正是这些津门商业的繁盛之地。商业中心区的商品直接运往大沽海口和东南乡镇，而大沽海口和东南乡间的货物又可输入天津城区的大市场，这都是海大道带来的便利。

文采风流事　道出道边人

——海大道的文化景观

崇文重教　文化渊源

海大道肇于海盐、盛于漕船。渔盐和漕运为海大道上葛沽、泥沽、咸水沽等古村镇创造了兴旺发达的契机，成为远近闻名的鱼米之乡，同时也造就了文化教育的昌明，使得这里成了人文荟萃的一方宝地。

崇文重教是古镇的传统。清代天津出现了三取、问津、辅仁、集贤、稽古、会文等书院，葛沽的津东书院为天津八大书院之一。

清光绪三年(1877)，葛沽镇诸贤苏善恒、赵任弼、郭延沛等人发起在文昌阁内筹建津东书院，得到洋务派的代表人物之一、直隶总督李鸿章的支持，不仅批准了立案，还亲自为书院书写了匾额。当时书院既是教育组织，又是学术研究组织。书院占用了文昌阁、药王庙、佛爷庙三个庙宇，面积约 1500 平方米。经费由本镇公议斛局收款项下动支，每月拨纹银 700 两。

根据当时朝廷颁布的《钦定学堂章程》，书院课程分为必修课和选修两大类。必修课为修身、读经、中文、算术、历史、地理、格致、体操八门课。另有选修课，加授图画、手工、唱游之一科或两科。那时的校歌是:“东游渤海,北带白河,五水流域经过。丙午开办后,文昌、三官、佛爷峨,改造学校协和,钟毓灵秀多,愿诸生齐唱我校歌。”

辛亥革命后,这里改为“葛沽镇官立两等小学堂”。在这所名校受过启蒙教育的学生,经过深造和认真实践,不少人为社会做出了贡献。他们当中有党和国家的各级领导干部,有驻外大使、参赞等外交官员,有援外进行机场、火车站设计施工的总工程师,有全国重点院校的教授、专家,有世界知名的诗人、画家、戏剧家等艺术大师,也有侨居美国的顶级京胡演奏家。

葛沽在清乾隆初期,就有“三举人”一说,苗雨、苗滋、苗浥昆仲三人同年考中举人,葛沽巡检署为其送匾“举人堂”。苗雨,中举后,在河南一带为官,攻书画。苗滋,中举后,在葛沽丰财盐场任职。苗浥,中举后,在葛沽丰财盐场任职。到清晚期,又有进士王维珍、任嘉莪等,皆为饱学之士。又有苏星桥、徐兆光、柴馨圃等文化名流,被称之为“乡里硕儒”。

苏星桥名之銮(1858—1933),世居葛沽,7岁入家塾最先读《诗经》,13岁作诗,有诗句“花间人不见,忽听笑语声”,为塾师大加赞赏,称他日必能诗。其后寒窗苦读,师从山左张云舫先生。18岁应童子试,连续三次参加科举,终未折桂。22岁入京师国子监为贡生,清宣统二年(1910)毕业后遴选部员,因辛亥革命爆发未成。其后回归乡里,依靠祖先留下的产业为生。苏星桥性情直爽,言语率真,淡泊名利,晚年自述:“田惟先代陇,屋为昔时椽,恨被诗书误,羞仍性命全。子孙纷绕膝,我未积金钱。”其嗜诗成癖,“每一题到手,辄不待起草,挥毫立就,见者莫不拍案惊奇”。在乡里与李倬卿、郑麟孙、张竹家等相唱和,还与津门著名诗人严修、王守恂、陈诵洛有文字之交。苏星桥的诗，60岁后尤为精粹，70岁以后积诗稿三千余首。1933年，其弟子徐兆光择诗三百首，编成《星桥诗存三百首》，后又搜集遗存编为《星桥诗三百首续编》行世。

徐兆光号镜波，葛沽镇人。早年在津东书院习八股文，为文清秀典雅。庚子后，清朝停科举兴学校，徐兆光又潜心经世之学，先后就读直隶法政讲习所、北京郁文学院等。清末步入社会，正逢预备立宪，推行新政，各地成立谘议局，推行地方自治。徐兆光担任天津县自治委员，参与地方政务。民国三年自治取消，又担任劝学所劝学员，天津教育局教育委员，倡导和推行新式教育。其后担任天津师范讲习所、水产学校、河东中学、市立第三中学国文教员，还担任国民政府农林部冀鲁区渔业督导处文牍员等。徐兆光为近代著名教育家，著有《镜波文存》，鼓吹新型教育。

柴馨圃，民国初年被誉为"东海望族"，以勤劳致富。其为人慷慨，乐善好施，善解邻里之争并赞襄利国利民之举。其声名誉满津沽，受到社会贤达赞誉。特别是他和夫人陈氏精心养育的四个儿子，都成为民国初创时期国家科教领域的栋梁之材。柴门一族四星并耀，成为当时社会美谈。柴馨圃和夫人去世后，段祺瑞、曹锟、张学良等四十多位民国政要及社会名流前往吊唁并题写赞词。

古镇葛沽，文脉相传，当代文人学士仍不乏其人。1933年在天津创办"治新报社"的田澍雨，1939年在葛沽创办渤海小学的陈子衡，曾任北影厂长的电影家田方，作家邢野，教授、教育家田本娜，教授、戏剧家田本相，学者、碳素专家田本良，诗人闵人，台湾土凤舞研究专家刘效波，台湾电影编导、诗人申剑一，世界银行理事、亚太负责人苏绪，曾给奚啸伯领班文武场的赵玉玺,美国华人京剧界四大琴师之一的张宝元等,一大批文化人、专家、学者都是在葛沽长大的英才。

一代国学大师周汝昌则是从古镇咸水沽走出的。周汝昌(1918—2012),出生在海大道畔咸水沽镇的一座庭园内。他是蜚声海内外的红学家、古典文学专家,也是位成就卓著的诗人、书法家。本字禹言,号射鱼、敏庵、苍禹、雪羲、顾研、玉工、石武、玉青、师言、茶客等。曾就学于天津觉民中学、南开中学、工商学院附中,北京燕京大学西语系本科、中文系研究院。先后任燕京大学西语系教员、华西大学与四川大学外文系讲师、人民文学出版社古典部编辑、中国艺术研究院研究员。他是新中国研究《红楼梦》的第一人,是享誉海内外的考证派主力和集大成者。1991年开始享受国务院颁发的政府特殊津贴,2010年被聘为中国艺术研究院首批终身研究员。出版有四十余部学术著作,其中《红楼梦新证》是红学研究历史上里程碑式的著作,也是近代红学研究的奠基之作。

周先生能成为一代文化名士,是有其地域文化与家学渊源的。

周汝昌的始祖周瑚,在明崇祯年间自安徽桐城县(今桐城市)避患到北方,至咸水沽镇落户。曾祖周克友曾办团练,功在乡闾。清代咸丰年间,经僧格林沁保举,恩赐昭武都尉。四爷周镛亦蒙恩典授武德骑尉。周汝昌祖父周铜时代,周家发展到鼎盛时期,成为咸水镇的大户。三艘出海大木船,远到东北营口、沙河子(丹东),南到江浙,贩运粮食、木材及生活日用品。在镇内开立同和粮行、木匠铺、烧锅(酒厂)等,又在镇外购置田亩从事农耕。周铜熟读诗书,练得一手好字画。名著邑庠,声华藉甚,捐得同知一职(仅次于知府)。

周汝昌的父亲周景颐是清光绪年的末科秀才，民国年间被乡民选为商会会长（兼任镇长）。1931 年他领导乡民建起围绕全镇的土围子，抗击散兵、土匪的侵扰。周景颐曾遭土匪绑票，咸水沽和周围乡民深感周景颐为保一方平安而付出的代价，自发为周家献上一块“硕果苞桑”的巨匾和“智深勇沉”的银盾。周景颐文化品位高，书法亦为精到。周汝昌兄弟五人。大哥震昌当年弹得一手西乐风琴，习德文，30 多岁故去。二哥祚昌善吹洞箫，终身从事金融业。三哥泽昌为京胡演奏高手，新中国成立前在木行经商，新中国成立后在食品行业任会计。四哥祜昌为月琴高手，南开大学肄业，晚年以教师为职业。周汝昌喜爱戏曲，文武场面全能拿得起来，在燕京大学国剧社，他粉墨登场，以文武小生行当演出。

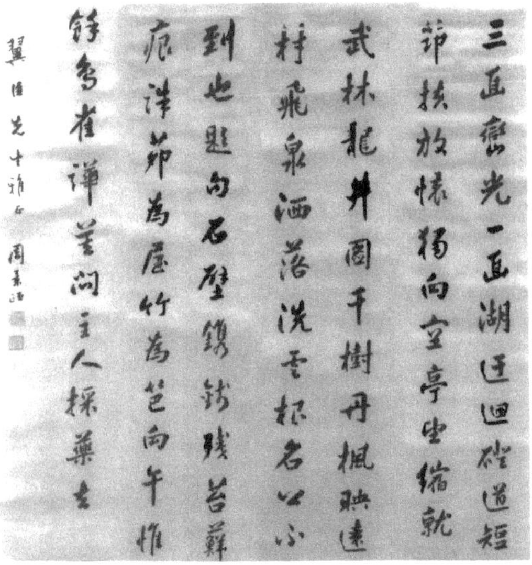

周汝昌的父亲周景颐先生墨宝

有人说，葛沽是新红学的重建“发祥地”。此言不虚。

1948 年的暑假，当时还是燕京大学学生的周汝昌从校长胡适之先生借得《乾隆甲戌脂砚斋重评石头记》古钞珍本回到家乡——海大道旁的古镇咸水沽。在被乡邻称为“书香之家”

周汝昌先生小影

的花木葱茏的庭院中，周汝昌与四兄周祜昌一起开始了对《红楼梦》古钞本的最初的探索与研究。考虑到古钞珍本纸已黄脆，不忍多所翻检，出于保护起见，兄弟二人遂决议以朱墨两色抄录一册副本。周祜昌为此写有《手抄甲戌本序言》与《红夏抄书记》的杂文，详细记载了这部经胡适之先生慨允留给周氏兄弟的“甲戌副本”的产生过程。

整个暑假，周祜昌全神贯注一笔一画地抄写《甲戌副本》，周汝昌则一个纸条接一个纸条地整编“书稿”。因为那时候，周汝昌正在搜集一切与《红楼梦》一书及其作者曹雪芹有关的文献资料，准备撰写《红楼家世》，这正是日后轰动海内外的《红楼梦新证》一书的雏形。而当年兄弟二人坚持不懈地抄写核校工作，便是二人坐于藤荫之下，闻声看字，口耳相校完成的。

在《红楼梦新证》问世之前，人们对《红楼梦》的价值评价不一，远未达到今“四大名著之首”的地位。当时的主流红学对它并不看好，以俞平伯、胡适为首的新红学考证派虽能够尖锐地指斥旧红学索隐派对《红楼梦》的误读，却又认为《红楼梦》文学技巧与见解“比不上《儒林外史》《海上花列传》和《老残游记》”。而周汝昌在《新证》卷首就明确提出《红楼梦》是一部石破天惊的伟大著作，曹雪芹是旷世天才。而后又从思想内容、时代价值以及作者的文学才能等方面论说，充分肯定《红楼梦》在文学史及小说史上的地位，并逐渐得到国内外红学界的认同。

据周贵麟先生讲，“藤荫”在周氏兄弟居住的老宅院，紧邻遐迩闻名的“海大道”。周家老宅是北方常见的房屋，四个方方正正的院落相连在一起，呈为“田”字形。靠北面的院子里有一株老藤，几棵拧在一起的枝干，像麻花一样盘绕着爬上架，而其主干的围径和巨瓮相似，据行家说这棵古藤生长至少已有三四百年了。周汝昌先生回忆：“从祖父起，视老藤若‘家珍’，遂为先父的书斋取了一个‘藤荫斋’的雅号。因此‘藤荫斋’的牌匾还是求大名鼎鼎的康有为题写的。”老画家汪鸾翔曾绘《藤阴书屋图》，并题诗云：“簌簌藤阴覆水凉，游人疑入辋川庄。竹垞亦有斜街屋，不敌鸥乡意味长。”

海大道畔的咸水沽及“藤荫”因“新红学”的重新建立与发祥而永垂史册。

周汝昌目坏后书

诗礼传家　一门三杰

读书为学,建功立业,向为海大道畔古村落的人所称道与期盼。清康乾时代,东泥沽村的周氏出了三位声名赫赫的人物,他们是周人龙、周人骥和周人麒。兄弟三人均为联捷进士,在从政与治学上皆非同凡响,堪称“一门三杰”。

周人龙生于清康熙二十一年(1682),字云上,号跃沧,世居天津城东泥沽村。清康熙四十七年(1708)中举,明年成进士,授山西屯留知县。功官清源知县、忻州知州、蒲州知府、江西督粮道。著有《居易堂三周文稿》。此人自幼聪颖绝伦。据说他读私塾时,一次塾师有事外出,留《四书》题七道,要求数日内交阅。塾师走后,学僮们便嬉戏起来。塾师回来,均无以应对。师大怒曰:“限明日交,否则笞之!”年幼的周人龙一夜而成七艺,次早交卷,点画无讹。塾师又惊又喜,竟把自己的女儿许给了他。后来,周人龙与弟弟人骥、人麒都中了进士,著名诗人崔旭在《津门百咏》中曾赞颂周家文风之盛。

人龙为官后,一向清正爱民。唐柳宗元尝言,当官的是“民之役非以役,民而已也”(当官的是民众的公仆不能驱使民众而让他们为自己服务)。周人龙则称:“吾为官,不言苦也。”(我即做官，就得吃苦）对“为官一任，造福一方”，他们是相通的。《清史稿》列传《循吏》说周人龙在屯留时“兴学赈荒，有声”，调清源“浚渠筑堰，民赖之”。其从弟周人麒在谈及哥哥人龙生平时说：屯留地方荒僻，读书条件差，文化落后，周人龙亲为乡间子弟办学授课。每到初一、十五“集生童于学官，告以读书立足之道，次曰，课于庭、授之餐。评骘指驳，一如授徒时”，由是土知向学文气盛行。壬寅年秋，县东十三村遭受雹灾，人龙捐千金赈济灾民，灾民无辜流亡在外。转年，周人龙被调离屯留，百姓送之郊外，“已出境，道傍候者数百人，泣如雨下，攀恋不能言”（《津门诗钞》卷三）。

人龙从政，既与民众心心相印，又有胆有谋。关于他为官之贤能，这里仅举他任蒲州知府时之两例：其一，蒲州地濒黄河，河水迁徙无常，山西和陕西两省百姓隔河争地，双方打了十年官司也无结果。周人龙到任后，经过调查分析。创议“以河为界，因地纳粮”的解决办法，如此一来，既可保证税收，又可方便百姓。此议付诸实行，上下皆安。其二，周人龙在蒲州大力推行摊丁入亩法，然此举有利于无地贫民，妨碍广占田地的绅衿的利益，绅衿富豪上奏朝廷，告他的黑状。皇帝“下其议于晋抚，抚檄查”，人龙抗言力争，终使政令畅通，百姓获利。

《清史稿》等书记载这样一件事：周人龙调任湖北安陆仅数月又被擢升为江西督粮道。就在他即将赴任时，安陆属地的钟祥三官庙等地突发大水。人龙心急如焚，招集邻县乡民，讲明利害，并捐出俸禄，冒着狂风暴雨，指挥十万余众，筑坝堵口，夜以继日，与民夫共劳苦。有人劝他说：“已迁官，何必自苦？”人龙回答：“助夫由，我招至我去即散矣。伏汛一至，民何以堪？”两个月后，水患渐除，人龙才离开安陆。赴江西督粮道，他革除积弊，创立规约，亦赢得百姓称誉。

人龙居官俭约，尤喜奖拔有才之士。遇有因贫困而不能读书者，便招之官署，延师教课。《大清畿辅先哲传》说："张元林者，：太原寒土也，雍正甲辰分校武闱，拔之榜首，应诏荐令神木有声，以劳擢州牧，历官河南开封府。"人龙爱才、重才、举才、用才，由此可见一斑。

清乾隆十年(1745年)，周人龙于江西任上告病归家，不久即离开入世，终年63岁。

周人骥(1696—1763)是周人龙的弟弟。人龙"居官清正，廉隅自饬"，载入清史；人骥则"廉洁自持，未尝谋、身家之利"，也是一位廉吏。

周人骥，字芷囊，号莲峰，清世宗雍正五年(1727)进士，授礼部主事。他才气过人，淹贯经史，不屑章句，为文千言立就，且善射，工诗，精书法。著有《香远堂诗钞》《莲峰宦稿》等。津人牛坤为其立传曰："公生而岐嶷，卓荦有奇志，资性端重。修眉目，美须髯。状貌甚伟。"人们称他为"伟器"。

人骥生平清介，既为言官，仗义直白，时人赞其"有古名臣风"。乾隆时，高宗弘历广征纳言，周人骥身为朝臣，遇事直陈，不邀名、不立异、不避权要，凡有关国计民生之事，斟酌古今，提出许多中肯的建议，得到皇帝的嘉奖，并多为朝廷所采纳。

清乾隆七年(1742)人骥以监察御史授广西右江道。刚刚上任，就遇有苗民隔省争山的案子。他不辞辛苦，奔波于群山峻岭中勘定界址，使多年未结之讼很快得以审结。其属地的柳、浔郡县文化落后，少有读书者，人骥召集诸生讨论经义，授以读书为文之法，改变了这里的风习。

周人骥就任湖南按察使时，治狱精慎。轻重得失。出入生死,衡情准法,必得其平而后已。他在任期间,多年的冤假错案均得到澄清和纠正。离任时将他经手的二百个案子整理后编汇成书,取名《臬楚摘案》,见者无不叹其精允。就任湖南布政使时,恰逢洞庭湖发大水,濒临湖边的百姓奔走号呼。人骥心急如焚,自己捐资赈济灾民,使得这一地区无一人生病或死亡。

周人骥数十年身置宦海,曾数遭险恶。他历任藩臬,卓有成绩,屡蒙皇帝召见。升浙江巡抚后,除潜弊、筑海塘,清理积案、缉获巨盗,四境晏然,然却以"失察前抚鄂某事"而被革职。过后,改署广东巡抚,再调贵州。任贵州巡抚时,他提倡种植棉、麻,传授纺织法,以充民用。为便利运铜,奏开南明河以节经费,但因崖壑险绝,不能速成。又遭弹劾。清乾隆二十六年(1761)解任,次年夺官,罚修完县城垣,工未半而身死,终年67岁。

人骥刚正廉明,风裁严峻。《大清畿辅先哲传》说他"每接见僚属,咨询民生休戚,风俗好尚,语不及他。一切官书,不假手宾佐,盛暑祁寒,躬亲裁决,不顾劳瘁。"被罢官回归故里,仅有的一处旧宅又被没收入官,此后家中愈加贫、困,只能赁居草屋数间,借以遮风挡雨。人骥死后,其家属"日或不得一食"。天津学人梅成栋在《津门诗钞》中不无感慨地说:"卒以刚正为权贵所中,数起数蹶,未竟其用。论者惜之。"一代廉吏竟落得如此结局,实为可叹!

在周人龙、周人骥、周人麒三兄弟中,人麒,恐怕是最幸运的一个了。他虽蒙圣恩,仕途辉煌,却因身患疾病休致归里。但正由于此,他反而有条件成为广集众论、著作等身,为后世推崇的一代学人,最终以八十高龄结束了他的为学生涯。

周人麒，字次游，号晴岳，别号衣亭，生于清康熙四十四年(1705)，周人龙之从弟。他天性好学，少时受业津门学者洪天锡，工文章，文思纵横，才学出众。牛坤《周太史传略》说："公生而端方，举动如成人。年十二，锐然以勤学自励。初入塾受书，键关夜读，声琅琅动四邻。"清乾隆四年(1739)中进士，改庶吉士，充《大清一统志》纂修官。乾隆十年，奉旨授翰林院检讨。

人麒为官时，朝廷上下崇尚风雅，乾隆皇帝于闲暇时与词臣分韵赋诗，人麒常恭进诗篇。其诗雅意清裁，有初唐风味，颇为皇帝欣赏。人麒因此也得到公卿大夫及鸿博之士的推崇而声名远播。然恰在此时，人麒身体不支，竟劳而成疾，后又历久不愈，不得不卧病沽上，惟闭门著书，授徒自给，自此与仕途绝缘。

由于周人麒的学识和影响，乡党好学之士得知他病归故里后，纷纷与他交往。顺德知府金文淳是周人麒的同年好友，由顺德调任天津，常与人麒谈艺论道。金以顺德文风不振聘其主讲顺德龙冈书院，人麒欣然前往。至顺德，人麒在生徒中导以经术，授以汉唐为文之法。他品行高洁，学问有本，雅量不凡，当地不少文人学者出自他的门下。顺德地方官耿公赞曰："师道立则善人多，吾于先生见之矣。"人麒主讲龙冈书院达七年，于清乾隆四十七年(1782年)辞归津门，年恰七旬。

人麒居家，更为发愤，暑窗雪案，手从不释卷。他尤刻意于经学，推见精义，著述多多。有《尚书简明录》《毛诗简明录》《礼记纂言》《左传辑评》《孟子读法附记》《四书大全拾遗》《史记约录评解》《昭明文选约录》《唐宋文录解》《唐诗类疏》《保积堂诗文集》等。所著文字，贯通百家之说，条达敷畅，曲尽事情，阐发潜幽，时出己意。近代学者高凌雯在言及周人麒生平时说："人麒休致方在中年，人争为之惜，然心唯有此宽闲，遂益得肆力经史，多有传述。”(《天津县新志》卷二十一)这确是奠定周人麒学术成就的重要因素。

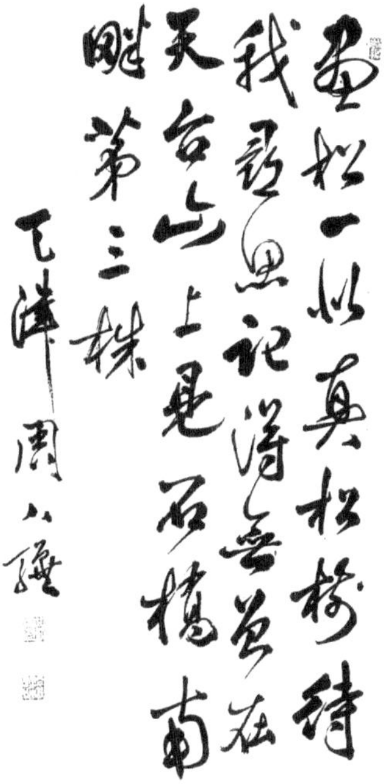

周人骥墨迹

书法翰墨　一脉相承

海大道边古村镇的翰墨丹青可追溯到900年前。据葛沽文献记载，金末元初南灶与盐村所请的私塾先生有：孔春阳、贺瑭琼、甘露良及滕先生等。这几位私塾先生不但有一定的文化水平，而且书法亦很不寻常，孔春阳曾书写“沧州盐使下司”(建于金代大定年间，位置在灶立庙西侧)的匾额。贺瑭琼曾为灶立庙题写匾联。

元代中后期，蛤沽(即后来的葛沽)渔、商、盐业四大家的高、王、张、李就代表着那个时期古镇的翰墨及文化。明永乐年间到弘治前后期，葛沽镇正处于盐业、商业、渔业及漕运的兴盛阶段，这时该镇已出现了许多的文人墨客，书画名流。如许宗良、史耕农、谭封函等，他们早期书法皆崇台阁体。

许宗良约生于明代宣德年间，中年时在山东一带为官，晚年回乡，在葛沽办私塾和卖字为生。后人称他的字“龙卧金阙凤守门”。字体端正，结构严谨，点画优美，中规中矩且有大气之势。

史耕农字润田。其书法不但能临写百家的碑帖，而且临出的字，诸字皆准，可到以假乱真的地步。

谭封函生于明代景泰四年（1454），卒于明代正德十年（1516）。先祖为丰财盐场顺和里三门三甲的灶户。少年时就有文才，明代举人。自幼年宗台阁体，后改学魏碑和颜体，善写榜书，当时葛沽镇庙宇中的匾联都由他撰并书。著有《舂米筛稗》《沽水沉沙》《盐村手记》等。

涓声，俗姓水。明代葛沽文昌阁第一代出家的道人。学问渊博，书法甚佳。好饮酒，酒后狂书，书法如龙游凤翥，万马奔腾。

云庐道人生于明万历四十五年（1617），卒于清康熙二十八年（1690），享年七十三岁。俗复姓濮阳，名翃。原籍保定。也有人说他是明代万历年间“葛沽八大家”之一周家的后裔。此人学识渊博，品行端正，擅长书法。能默临多家碑帖。从明代崇祯年间，在葛沽灶立庙内举办私塾馆，直至谢世，在葛沽一带桃李满门。所授门生，入仕途者多达十余人。

李振鳌，字溪桥。葛沽镇明末清初著名的儒士及书法家。他能诗善画，尤以书法见长。生于明崇祯七年（1635），卒于清康熙四十三年（1705）。清初举人。少年时在灶离庙“仕阶塾堂”从云庐道人而学，入学后，尤注重学习书法。他先学唐楷，后学赵孟頫兼二王，专攻赵体（赵孟頫）。先生悉心指点，他焠掌苦学，每日临池不辍，23 岁便应邀撰书葛沽慈云阁楹联。葛沽的其他寺庙及商铺的匾额和楹联亦大都出自李振鳌的手笔。李振鳌与浙江海宁陈元龙为书画好友，二人曾有频繁的来往。陈到晚年时，被朋友所邀请来到水西庄，想来葛沽同李晤面，但李振鳌已谢世，陈得知后，悲伤不已。与其同时代的天津书法家张霔，曾赞扬李振鳌的书法：“丰润圆腴，有珠玉之美。”清乾隆三十二年（1767），乾隆皇帝巡游葛沽时见到李振鳌书法，大加赞赏，葛沽巡检署遂追赠李振鳌为“葛沽旷古一书家”。同年并在葛沽巡检署内成立“溪桥翰墨堂”（溪桥乃振鳌之字）。

乾隆时葛沽又有“四翰林”美称的四位书法家，他们是刘石矼、康夔庭、张松堂、安如磐。当时这四位书法家不是以官方的名义评选出来的，而是由葛沽书法界人士以“葛沽书画社”的名义推举出来的。因为四人书、画、诗、文皆精，所以人们才赠送“四翰林”的美称。清乾隆末年，葛沽巡检署在拟订评选嘉庆朝葛沽书法四家时，追补他们四人为正式“乾隆朝葛沽书法四家”。

清嘉庆朝葛沽书家主要有：姜元培，字清辉。生于清乾隆十年（1745），卒于清嘉庆二十五年（1820），秀才，明代葛沽八大家之一——姜家的后人，书法学虞世南和赵孟頫，后临各家，自有新意；郭云鹤，生于清乾隆十四年（1749），葛沽八大家之一郭家之后，刘石矼的学生，书法学赵孟頫和二王；苏云甫，生于清乾隆十二年（1747），葛沽后八大家之一的苏门之后人，刘石矼的学生，书法宋唐楷，尤精分隶；曹彦华，生于清乾隆八年（1743），卒于清嘉庆十九年（1814），葛沽前八大家之一的曹氏后人，清中朝的秀才，精于小楷，当时葛沽诸庙皆有他誊录的经卷。

此后又有“道光书法三杰”“咸丰书法四家”，他们都是经过葛沽巡检署评选出来的。据称，葛沽巡检署评选书画作品，要求非常严格，凡参选作品，不达一定层次，决不以劣充数。较著名的有萧凤窠、萧凤巢、宋熙宁、李殿頫、康敬佛等。

萧凤窠，生于清乾隆四十二年（1777），卒于清咸丰六年（1856），享年七十九岁。他书画兼备，书临百家，画仿千谱。书法最得意是柳体。书成后，丰筋寡肉，露骨瘦肌，杀纸透背，遒劲通神。镇内镇外,向他求字学字的人络绎不绝。

萧凤巢,名筑,字雏飞。生于清嘉庆七年(1802),卒于清同治十年(1871),享年六十九岁。他自幼从家兄萧凤窠在玉皇庙读私塾。他从七岁开始临池,春秋不辍,早年学柳、颜,后写虞世南、欧阳询、二王等,在诸家的书法中,摄取精华,而后经自己反复揣摩,入古出新,写出自己的风格。他曾为葛沽镇书写"古镇宁一"的巨匾,悬挂在药王庙前的山门戏楼檐下。著作有《篁庐诗卷》《海下集》和《葛沽杂史》等。

宋熙宁,清中后期秀才,生于清嘉庆十年(1805),卒于光绪六年(1880),享年六十四岁。自幼在玉皇庙随萧凤窠读私塾,书法先从二王入手,后学唐楷,上溯六朝,书法自出新意。

李殿頫,生于清嘉庆八年(1803),卒于清同治八年(1869),享年六十六岁。他学书先从欧、柳入手,后又学赵孟頫。他的字端丽圆润,貌丰骨劲,在书法上多有创新,晚年喜写草书。

康敬佛,生于清嘉庆八年(1803),卒于清光绪三年(1877),享年六十四岁。他自幼在玉皇庙随萧凤窠读私塾,富有文才。后在葛沽巡检署任文书。书法崇尚欧、赵,精于小楷,后深研《淳化阁帖》。晚年又改学篆隶。

清光绪年间葛沽书法四家,不是官方评选出来的,他们是被当时葛沽文化界人士推崇的。其中人物说法不一,"版本"有三,第一种说法是:王维珍、郭象山、刘乃堂、刘道原。第二种说法是:郭象山、刘乃堂、任嘉莪、刘道原。第三种说法是:郭象山、刘乃堂、任嘉莪、张金藻。这里仅举三人。

任嘉莪,名孝庭,生于清咸丰十一年(1861),大刘庄人,出身贫寒,幼年时便来到葛沽定居,后在葛沽一家私塾馆读私塾。任嘉莪自幼聪明伶俐,勤奋好学,书法写得也很出色,常常

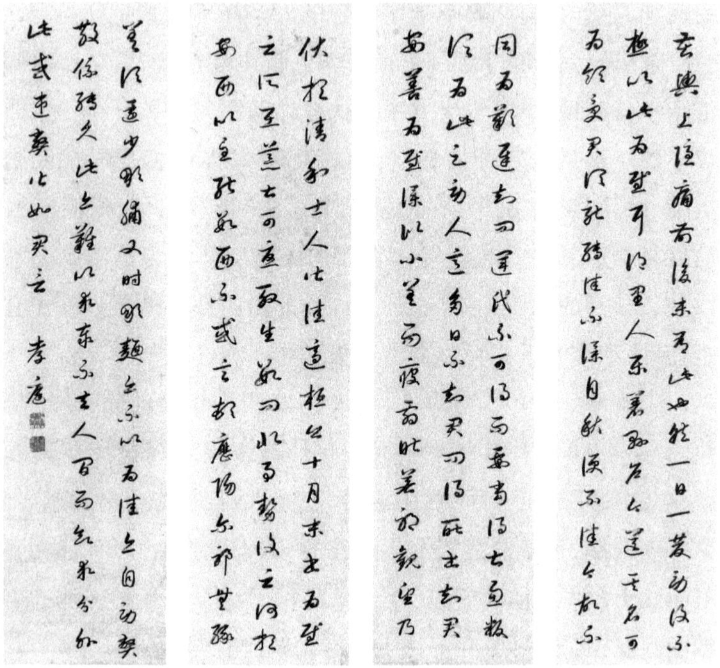

任嘉莪行书四条屏

受到私塾先生的表扬。十岁左右时，先后在葛沽拜访过几位老一辈书法名家，如萧凤巢、宋熙宁、康敬佛、刘翰达等，向他们虚心求教，刻苦学习。十余年后，受葛沽有钱人家的资助，他先后考中秀才、举人和进士。因无钱贿赂朝官，被迫回乡。不久，被葛沽富户聘请充当家塾先生。光绪初年，葛沽成立津东书院后，在津东书院内任教。到晚年，又在葛沽和新城一带自办私塾馆。

王维珍，此人在《中国美术家人名辞典》《中国近现代书画家辞典》等多部权威大典中均有专条，就连普及性的《简明美术辞典》中都有对他的介绍，足见他在中国书坛的地位。

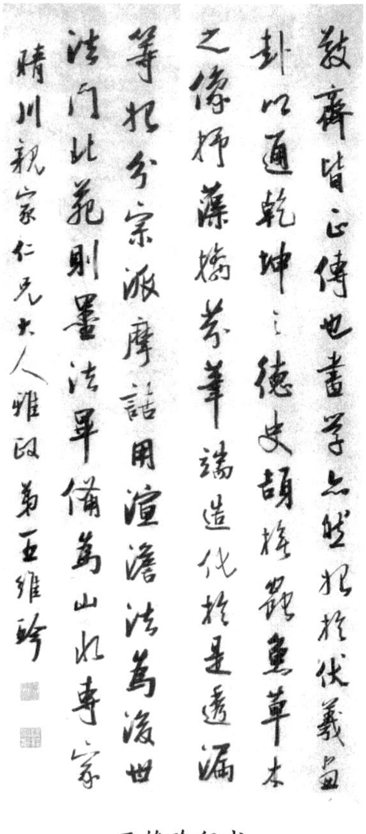

王维珍行书

王维珍学识渊博，诗词歌赋无所不能，曾写过不少反映天津社会现实的诗。《津门大水》云："水挟风云气，奔流迹莫寻。势摇沙岸坼，力啮戍台沉。倒撼星辰落，低涵天地深。田庐泣老稚，谁抱楫川心。"此诗真切描述了同治十二年(1873年)天津发大水的情景。他还写过许多反映天津风景民俗的竹枝词及杂诗。《沽上》云："夕阳红到篱根，树影绕墙有痕。渔家炊烟直上，一湾流水柴门。荻花三亩五亩，清溪一湾半湾。七十二沽风景，惜无点缀青山。"《即事》诗前小序说："湖州某，习申韩之业，游幕畿南。后以劳绩权天津海关道篆，纵横自肥，民为罢市者五日。"记述了当年天津人民与贪官斗争的坚定决心。

王维珍的书法成就极高。《清朝书画家笔录》称其书法学唐代欧阳询，参以宋代的米芾和明代的董其昌。他的小楷尤为出色，遒劲透逸，有铁勾王之称。写于癸酉年（同治十二年1873)的行书轴颇能代表王维珍的书风。此书流动飘逸，笔意自然，点画肥瘦适宜。体势宽博，圆劲而有韵味。其字势与行式略有偃仰倾仄，从而增添了纵逸豪放的气氛。在通篇的行书中，兼参草法，字不相连。用笔或毫尖，或笔肚，时而轻提细勒，时而重按。结体随机应变，疏密大小，俯仰顾盼，庄重典雅，富有节奏，给人以清奇新颖的感觉。

王维珍不但字写得好，而且对书法创作也有独到的见解。他写过一首题为《醉后草书》的诗："醉草原知规矩难，纵横挥洒地天宽。竹根半截松枝瘦，抹上长笺作字看。志气消疏不着尘，天然翰墨自无论。国初诸老称仙笔，不信而今少替人。"他还写过一首《作大字》："掷笔拍案狂笑，著指松烟起棱。字大高人数尺，瓦盆倒墨三升。"从中可看出他对书法的挚爱、他的艺术主张和取向。

王维珍书法颇为艺界所赞誉。清末刊行的《津门闻见录》称："王莲溪，字体绝佳。"朝鲜贡使曹荷江光绪九年的赠诗有："世世王家传八法，笼鹅风味即吾师"句，对王的书法给予高度评价。王的作品曾入选日本出版的《书道全集》。近年来，随着书画艺术品收藏升温，王维珍的书法也在拍卖会上亮相，深受买家青睐，竞拍现场常常是你争我夺，成交价频频上升，由此也反映出这位书法大家在人们心目中的地位及其作品的艺术魅力。

刘道原，生于清道光二十二年(1842)，自幼饱读诗书，精通经史，文笔流畅，长于诗词，工于书法，尤写得一笔古朴典雅的唐隶。他平生以慈善为怀，多行善事，而且不畏权势，敢于直言，为穷苦人伸张正义。民国年间刊行过一本《沽水旧闻》，书中说他"举凡商店新张，新官到任，人家喜寿等事，均赠联一副，视格局如何，而索馈遗"。

除了天津各大宅门有喜寿事或大买卖商店新开市之日，

刘携庆贺对联到场祝贺外，他还在旧历新年之际为大商户送春联。每逢进入腊月，他都要到估衣街文美斋南纸局购买大红纸，裁成一尺见方大小，书写“福”字，分送各大买卖商店，各大商店均回以厚报。他以这种机会向富商巨贾敛钱，而后用于周济穷人。这一招叫作“鬻福济贫”。每每得到钱财，他常把银圆或整两的银子换成制钱或铜圆，分送给贫穷的人，那些贫苦人特别拥护他，经常围在他身边，所以当时也有人戏称他为“花子头儿”。

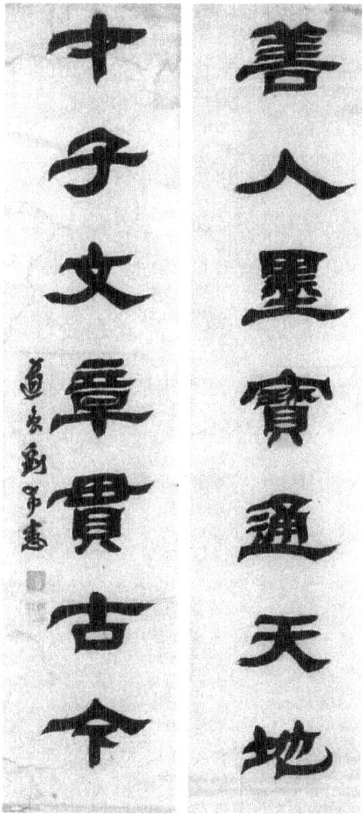

刘道原隶书七言联

据称，刘道原与直隶总督兼北洋大臣李鸿章还有过一段渊源。一次刘见李鸿章乘坐大轿出门，便抓住这一时机跪在道旁，高声喊道：“道原叩见中堂大人！”李听后为之一惊，让随从将他召到轿前问道：“你是哪里的道员？”刘答：“我不是什么道员，我的名字叫刘道原。”李又问：“来此何为？”刘答：“因生活困难，有求于中堂大人。”李对他的胆识很是欣赏，并有所资助，从此两人相识。李鸿章庆贺七旬寿诞，刘道原特意精心撰写了一副长达142字的祝贺寿联。李回赠白银200两，刘把这些钱全部用在救济穷苦百姓身上。

刘道原生性刚直，好讲死理，连那些位高权重、为富不仁者居然也怵他一头。1912年，“壬子兵变”，哗变的军队洗劫天津商号，一些穷人也趁着兵荒马乱在街巷中捡得一些财物。掌握天津警察厅大权的杨以德杀了一些贪便宜的老百姓。刘道原得知这一情形，冒险找到杨以德，指着杨的鼻子道：“这次天津遭受兵变，是官抢民捡，行抢的主犯都已经腰缠累累地跑走了，你不要再滥杀老百姓了！”杨以德被问得张口结舌，却又无可奈何，只好把他劝走。

刘道原早年丧妻，且无子女，晚景凄凉。他在80岁那年有“活人出殡”的举动，在天津轰动一时。此情此景，民国时戴愚庵先生在《刘道原活人出殡》中记述：“本人乘样轿，招摇过市。翌年，仍不死，及大发善念，每日所得，尽数赠穷人，故刘每行，从之者如归市。”此后不久，刘道原即因年老无疾而终，时为1921年。今天葛沽人仍然没有忘记这位造福民众的“文人乞丐”，有人还将他的故事写成一部小说，名为《刘道原传奇》。

艺术之乡出英才

明清至近代，葛沽的画家主要有黄清际、子虚上人、尘不染、画禅、邱金榜、白清轩、姜孝慈、陈斐文、张表、刘化雨、乘航等。

乘航生于清光绪十年(1884)，卒于 1971 年，俗家姓名孙佩岚。幼年失怙，生活难以维持，童年被其兄送天后宫出家。曾赴关东寻其兄，流落于营口卖画。寻兄四年，终未寻得，回到葛沽。画风秉乃师郭树卿、李月波，有朱梦庐之风，而后融会贯通，用笔沉着老练，意态洒脱，自成风貌。其作品于新中国初期曾参加河北省书画展。曾长住天津城南门里涌泉寺、娘娘庙内，结识津门书画家侯秉衡、薛月楼等，并在利亚书局、九芝堂、文华斋挂单卖画。后收弟子三人，为田澍雨、于子义、高景林。

于化鲤、于晋鲤兄弟二人都是著名画家。他们的父亲和叔父也都是丹青妙手。于化鲤(1933—2014)，早在 20 世纪 50 年代初即广泛涉猎中西绘画。1962 年批准为中国美术家协会会员。曾任天津人民美术出版社社长、编审，《中国漫画》杂志主编，《中国美术分类全集漫画卷》编委，第五届全国美展评委，中国美术出版研究会副会长，天津美协常务理事。从事美术编辑、创作40余年，涉笔多种绘画。曾得著名漫画家米谷先生的悉心教导，著有个人漫画专集。他不仅是漫画创作高手，还擅长连环画、年画的创作，每部作品都力求创新，构思严谨，以求质量。著名作品《谁说我目中无人》等3件与年画《有朋自远方来》，为中国美术馆收藏，《老鼠过街》等两件为炎黄艺术博物馆收藏。作品多次在日本、法国、德国、挪威、比利时、保加利亚、匈牙利、罗马尼亚等国展览发表。曾多次获得全国级奖励。享受国务院颁发的政府特殊津贴。

于晋鲤生于1939年。其绘画，人物、山水、花鸟、走兽，无一不能，而尤以画虎造诣深邃。作品多次参加全国性的展览。为天津市杨柳青画社专业画家、中国美术家协会会员，就任天津市国画艺术研究院副院长、天津市华萃书画艺术研究会副会长。出版有《于晋鲤画集》等。

咸水沽陈梅庵一家，祖孙三代均善书画。陈梅庵1915年生，字雪山，工书法亦善画。桃李满天下。其子陈元龙毕业于天津美术学院，师从著名画家孙其峰、爱新觉罗·溥佐、夏明远、霍春阳等。天津师范大学教授、硕士生导师，天津师范大学书画院院长，天津师范大学中国画艺术研究所名誉所长，中国美协会员。他的两个女儿陈慧姝、陈慧婷亦均为画坛新秀，并都从事美术教育工作。

民间画师郭子贵是在西泥沽成长起来的。郭子贵(1898—1975)祖籍黄骅，1949年自西泥沽移居小站，直到终老。自幼随父郭景文浪迹江湖，以塑神画庙为业。郭氏技艺数辈相传，郭子贵自承家秘，以父为师，掌握佛道两教的全部神偶形象，脸谱、衣冠、依衬、伍伴、执器、座次及这一切的色彩搭配。能塑能绘,并谙熟廊庙亭台的建筑装饰,掌握粉刷、油漆、裱糊的匠作技艺,同时精通装裱书画技术。郭氏的庙堂建筑绘画技艺,主要是清代风格的和玺、旋子纹饰。与其搭伙作业的还有咸水沽的黄忠海。1937 年重修小站太极观(老君堂),三十余尊泥塑神像及建筑彩绘,均出于郭子贵之手。据郭子贵生前说,他与另外两师傅三人共同完成过天津娘娘宫的泥塑和彩绘。

刘奎龄是天津画家中融汇中西画法的佼佼者。刘奎龄(1885—1967),字耀辰,出生在海大道边土城村的天津“八大家”之一的刘家。初学西画,后又学国画,对郎世宁、沈铨的作品体会极深。他的作品还融入了群众喜闻乐见的月份牌画、香烟画片等通俗画的特长,形成自己独特画风。刘奎龄代表作《上林春色图》,严仕曾先生回忆他的舅父刘奎龄时说:“画这幅画时,先生手拿一根孔雀翎子,一面观察一面绘画,断断续续,一直画了五年才完成。”这幅画的确把孔雀画活了,尤其是翎羽的质感和色度,逼真肖似,抚之若触,呼之欲出,作品受徐悲鸿先生的高度赞誉。刘奎龄的画法在花鸟画史上

刘奎龄《功名富贵》

具有创新意义,为中国画的发展做出了贡献。

当代艺术大师李平凡则是从距咸水沽不远处的高庄子村走出的。

李平凡(1922—2011),原名李文琨,别名里肯。他是中国最早搞版画和藏书票的艺术家之一。李家本是津南区高庄子村的名门望族,1949年前后,李氏家族有一部分子弟移居咸水沽镇居住。1937年,年仅15岁的李平凡在天津画馆西画科学习。1938年,发表处女作《考试》,1939年又受欧洲和日本藏书票影响制作藏书票。从此把一生交给了版画事业。他早期作品以表现劳苦大众艰苦生活为主,20世纪50年代后,创作了众多儿童题材版画作品。歌颂和平,描绘幸福生活。他的作品清新洗练,色彩明快,有浓厚的民族风格与深邃的艺术底蕴。1959年作品《我们要和平》荣获莱比锡国际版画奖,这是我国版画在国际上最早获奖的作品之一。

李平凡毕生致力于版画文化的交流,出版了四十余种中外文画册。据《中国美术馆》2005年第五期有一篇《李平凡的版画》的文章介绍:李平凡"仅向国家捐赠的作品就有1091件。其中包括濒临失传的日本浮世绘木刻原作128件,日本明治时期版画11件,215幅日本当代著名版画家的真迹及546枚藏书票等,另有自己的作品190件"。并高度评价说:"这些精美的画作,展示了先生六十多年所付出的毕生的心血和艰苦劳动,他无私的奉献更是体现了其高尚的品德和崇高的精神境界。"

李平凡出生的高庄子村就在海大道一侧。《津南辛庄乡志》记载,李平凡的祖父李德清精明能干,经营有方,主张兴教救国。1902年,出资1.5万两白银,拨出自家麦地十亩,监造了李氏私立小学堂。校门上方“天津县李氏私立小学堂”的校牌为袁世凯所题。过堂门厅上樟木大匾“师资永赖”四个大字，为天津大书法家华世奎所书。校园按原南开中学图纸建造，又辟地10亩用于操场，是天津郊县最早的新式学堂。培养了很多人才，曾获清朝钦赐嘉奖。李平凡幼年时就在这所小学堂读书。他的两位叔父李象模、李象楷，都是周恩来的好朋友，李象模还是周恩来的同班同学。《津南区志》载：“1916年7月9日，周恩来与11位同学利用暑假到高庄子私立小学堂排练话剧《一元钱》，并与教工比赛篮球。”

20世纪30年代初，鲁迅倡导和发起了新兴版画运动，在中国版画艺术界产生很大影响。当时，李平凡在家乡上小学，他的堂兄李文珍在国立北平艺专学习。李文珍和同学董化羽等在新兴版画运动影响下，学习木刻版画技艺。一次，李文珍回家乡，把鲁迅编辑的两本外国人的版画作品集带回家。一本是德国女版画家阿勒惠之的版画选集，一本是比利时版画家麦绥莱勒的《一个人受难》。李文珍特地把这两本版画集给李平凡看，李平凡受到版画集熏陶，喜欢上了版画艺术。

青年早成的李平凡，在当时版画艺术界有了名气。1943年8月，日本华侨学校校长李万之慕名请李平凡到该校任教。李平凡离开天津，东渡日本，成为日本华侨学校的美术教师，主讲版画课程，把中国新型版画艺术传授给日本华侨学生，促进了版画艺术教育在日本华侨界的开展，也对中日民间艺术文化交流产生了一定的积极影响。

民间信仰与古寺庙

海大道沿线寺庙众多。如靳庄子（小靳庄，今蚌埠道一带）、梁家庄(梁家园，今大营门一带)各有一座关帝庙；贺家口村有一座娘娘庙；土城有一座道观金仙观，供奉药王，也称药王庙，明“天启四年(1624)重建”；陈塘庄有一座土地庙，两座关帝庙；高庄子有慈云寺，始建于明代崇祯年间。位于海大道一侧东大沽的潮音寺建于明永乐二年(1404)，原名南海大寺，寺内供奉南海观音菩萨。明嘉靖年间重修，嘉靖皇帝题“潮音寺”。清乾隆年间又重修。寺内分前殿、南殿、北殿及配殿。寺

1905年由天津寄往德国基尔的万国邮联明信片上的大沽望海寺

里香火旺盛，渔民每逢出海、归来都来此烧香、拜谒，以求神灵庇护。清康熙三十四年(1695)康熙视察大沽要塞时，敕造大沽海神庙。康熙题“敕建大沽海神”匾。雍正视察大沽海防曾到此“游幸”。清乾隆三十一年(1767)春，乾隆皇帝在此进行行礼大典。典礼后，写了诗、联、匾、记。此后，每逢年节佳日，都要在海神庙举行“圣典”，地方官员都来参典。民国以后，这里仍是大小官员经常瞻礼的地方。据《天津县新志》卷二十五所记，天津县内清代及清以前所建寺庙共 253 座，其中“东南”分布 140 座，占全县的 26.7%，为“最密”。“东南”不一定是指海大道，但海大道确在天津县的东南，这也在一定程度上反映了海大道一带寺院的密集。

以葛沽而言，仅镇内庙宇就有二十座，民俗文化的厚重与多元令人吃惊。它们分别是：东白衣庙、玉皇庙、关帝庙、太虚宫、药王庙、三官庙、长寿寺、文昌庙、地藏庵、慈云阁、西白衣庙、海神庙、财神庙、娘娘庙、马神庙、东土地庙、西土地庙、三奶奶庙、神农庙、火神庙。众多寺庙所供奉神灵极广，诸如儒、道、佛、民俗、神、仙等均有自己的祀位，从玉皇大帝、太上老君、释迦牟尼到关帝老爷、天后圣母、土地神、天地水三官、文曲星君、英雄侠女、菩萨、阎罗等，几乎无神不有祠，无佛不受拜，无仙不致祭。众仙佛各居一隅，共享人间烟火。

葛沽的庙多数始建于明代，修缮于清代。最奇特者为古镇附近邓岑子村的“鱼骨庙”，庙宇只一间，以鱼骨为屋脊，内塑海神像，以鱼骨为神座。边有水泉，但不能饮。用鱼骨建庙大概与这里的鱼文化有关。

葛沽的庙均有相应的庙会。陈之《镇志里的葛沽》一文载有“从历史延续下来各庙庙会或开庙门的日子”。灶离庙：四月

1858年5月，英法联军占领下的海神庙。

十六日。东白衣庙：二月十九日、八月八日，供奉慈航菩萨，对联“紫竹林内观紫寨，莲花台上拜如来”。玉皇庙：正月初九。关帝庙：六月二十四日。太虚宫：三月初三。药王庙：四月二十六日。三官庙：八月十八日，供天官赐福、地官赦罪、水官解厄。长寿寺：四月初八日。文昌庙：九月十八日。地藏庵：七月三十日。慈云阁：九月初九日。西白衣庙：二月十九日，供奉观世音菩萨，对联“西方绿竹千里翠，南海莲花九品香”。海神庙：二月十九日。财神庙：九月十七日。娘娘庙：正月十六日，四月十六日，供奉十三位娘娘。马神庙：六月二十六日，对联“白马将军真威武，辅助真君去邪魔”。东土地庙：二月初二日。西土地庙：二月初二日。

有位叫朱景秀的曾回忆道：“童年时，奶奶牵着我的手常去的是娘娘庙。庙里香火旺盛，每逢初一和十五善男信女们去烧香拜佛。临河建有慈云阁，是古镇最高的建筑。小时候我沿着吱吱作响的木楼梯，爬上阁的顶端，远眺，便能看到河北大片的房屋，碧绿的田园。”

海大道沿线村镇的民众大都信仰“娘娘”,“娘娘”多指“司海之神”的“妈祖”。妈祖原名林默,本是福建莆田的一位渔家女,因救难于大众,使她成为人人敬畏的神祇。建于元代三岔河口附近的天后宫(西庙)和大直沽的灵慈宫(东庙)都是供奉这位“娘娘”的庙宇。

翻开《津门保甲图说》,可见海大道沿线有多座“娘娘庙”。

如《东南一带村庄图说》第四,此图在西北角处标有“娘娘庙”,其东标“天坛”。又标“北界连皇船坞”“西界连马家口”。这座娘娘庙当位于今和平区大沽北路及劝业场附近。

《东南一带村庄图说》第二十八,海河南岸,双港的东面标有“娘娘庙”,其东南标“高家庄”,海河以北标“桃源沽”。这里的“娘娘庙”当在今津南区双港偏东的地方。

《东南一带村庄图说》第三十三,海河的南边、东小庄之西标有“娘娘庙”,庙西和庙南均为洼地。有文字说明称:“东小庄之北曰前辛庄,与白塘口相近,中设墩铺,堤穿村而东。”按现今之地理状况,此庙大约在今津南区辛庄、白塘口一带。

《东南一带村庄图说》第四十五,标明在今津南区咸水沽镇中部偏南的地方有一座“娘娘庙”,庙东标“东大街”,其西北方标“关帝庙”且有一座桥。此图有文字说明称:“桥下引河一道,下抵南乡,水势亦急。其东曰东大街,民舍较

海大道一侧的潮音寺,始建于明代。

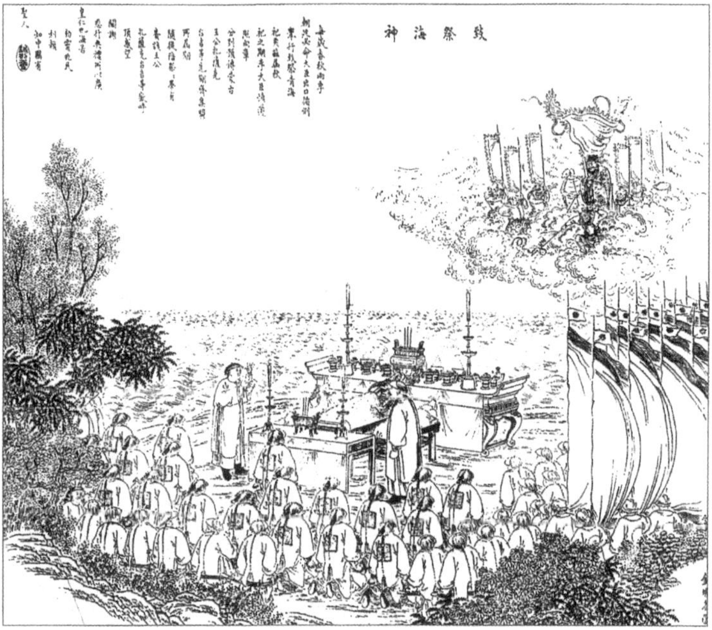

致祭海神

西街尤伙。”这是在海河裁弯取直之前的地理状况，但娘娘庙是一直存在的。

《东南一带村庄图说》第四十八，在海河的东南岸标“西倪沽”，西倪沽的最东头孤零零的高坡上，标有“娘娘庙”。其中部标有“大佛寺”，其西部标有“三官庙”，海河上标有“渡口”。其文字说明谓：“西倪沽村亦近河村，外设渡口一处。”图上所标“娘娘庙”当在今津南区双桥河镇的西泥沽村。

《东南一带村庄图说》第五十七，在海河以南、葛沽镇西南方向标有 “娘娘庙”，庙下标有小字曰：“西界连葛沽西白衣巷。”海河北标“宁海县界”。镇内标有多处庙宇、桥梁及“葛沽巡检署”“海防同知署”等。有文字说明称：“葛沽一大聚落，海防之内户也。”

《东南一带村庄图说》第六十三，在海河以南的邓善沽标有“娘娘庙”，其西南标有“关帝庙”，东南标有“菩萨庙”，河对岸标为“宁河县界”。这里当属塘沽区(后属滨海新区)的邓善沽。

这些“娘娘庙”所供奉的未必都是“妈祖”，乡间也有将碧霞元君、西王母等称为“娘娘”的，但经过考证确认，灰堆、双港、咸水沽、葛沽等地的“娘娘庙”所祀奉的神祇确有天妃娘娘，即妈祖娘娘。

海大道沿线的居民，古来多以渔、盐为业，长期与风浪和危险打交道，极其渴求战胜自然、战胜盗寇的精神保护——即神灵呵护。漕运的兴起，更增加了这种精神寻求的迫切感，而漕船带来的海神娘娘，恰恰是他们梦寐以求的神灵，犹如雪中送炭，故而能迅速认可她，乐于接纳她，进而信奉她。在“妈祖”传入后的数百年中，天后在民众心中慢慢植根，祭祀的香火日益兴旺。善男信女认为娘娘有求必应，可赐福保平安，保大吉大利，大福大顺，因此颇为虔诚地敬奉娘娘，对天后的信仰已从保护航海扩展到乞求子嗣，渴望消灾祛病，以至成为保护地方的神灵，百姓心目中不可缺少、不可离分的精神主宰。

灰堆的娘娘庙，大殿正位是圣母天后娘娘，两旁是眼光娘娘、子孙娘娘，左右两侧站立着送子娘娘和花姐，台下东西两侧站立的是手持各种法宝的众仙女的塑像。

据说早年葛沽的娘娘庙供有十二尊娘娘，不只天妃娘娘，还有碧霞元君的三个化身穹霄、云霄、碧霄和火灵娘娘、泰山娘娘、龟灵娘娘、豆疹娘娘、送生娘娘、眼光娘娘、子孙娘娘、北斗娘娘。

1941年葛沽娘娘庙会。葛沽天后宫，俗称娘娘庙，始建于明永乐年间。清乾隆四年(1739)，葛沽巡检司胡超依宫殿法式重建娘娘庙，从此香火日盛。葛沽娘娘庙的庙会历史悠久，“葛沽宝辇”是每年庙会的重头戏，2007年被列入为天津市非物质文化遗产。

就娘娘而言，如果神力无边，则一位足矣，何必许多？这就完全是人的意愿了。先民对付不了眼疾和天花，担忧自己的继承人问题，惧怕风浪和三灾八难，甚至夜间航行企盼天明，这些已成为他们严重的精神负担。几位娘娘中，有管医疗保健的，有管生育的，有管天文气象的，分工井然，求告起来不是更方便吗？既有所求，就无须再斤斤计较于娘娘是哪一个特定的人——是妈祖林默，还是碧霞元君，还是别的什么人。

有了娘娘庙，也就产生了对娘娘的祭祀庆典。葛沽的宝辇巡游，是一场庆典的局部环节。

天津的皇会是三月二十三日，天后生日，是为天后诞生而设会。葛沽的辇会则是为欢度春节、元宵节而设会，迎送娘娘的仪式，是为了“人神共悦”。辇会的大环节有三个，即设摆、接驾和送驾。抬辇的姿势、步伐，起落行止，无不是靠严格的统一规矩和指令，就如同船员们在海上齐心协力驾驶一只船。

法鼓是葛沽庙会的前场，有文武法鼓之分。武法鼓以武术舞蹈形体动作编排，由一人或多人表演，随着有节奏的锣鼓声，做各种动作，变换队形，时而柔缓轻盈，时而快速激烈，刚柔相济，大开大合。为了便于表演，采用较为简单曲牌。文法鼓则以演奏歌子为主，因宝辇供奉妈祖或神像雕塑，平时在茶棚设摆以供游人顶礼膜拜，法鼓是在鼓棚或茶棚前演奏，以烘托节日氛围。

葛沽的长乐老高跷历史悠久，史传明朝时由关帝庙住持沽上道人若长师傅传授。由清朝至民国，代有传人，1949 年以后有管学文、张金良、邵家珍、郭树常等人继承传授。前面提到，葛沽镇史有九桥十八庙之景观。长乐老高跷一直继承着见庙拜庙，见桥拜桥，见辇拜辇，见师拜师的老规矩。这其中棒法各有不同，于是就有了“过桥棒”“童子拜佛”“白猿摘桃”“上坟”等技法。

清平《竹马》是葛沽独具特色的民间花会之一。起源于明末清初。特色浓郁，形式完整。《竹马》顾名思义，即用竹篦子扎成马形，用彩纸糊制加工而成。以八人形式出现，以人腿代马腿，通过演员的表演技巧，运用歌曲与舞蹈情节，直接反映当地人民历史生活的真实情景。它曲调舒徐婉转，动作刚柔并济。通过妇女对出征男儿的眷恋情长，表现劳动人民忠贞爱情与地区人民的风土习俗。该形式的传统风貌一直保持至今，为广大群众所喜爱。

咸水沽也有多道民间花会，除了在2007年被列入“天津市首批非物质文化遗产名录”，连舞带唱的“北洋海下文武高跷”外，还有一道极为有名的，那就是——东大窑的“大驾”皇会。其中与之配套演出的同善高跷也列入“天津市非物质文化遗产名录”中。

“大驾”皇会是咸水沽的一道专抬药王出巡的民间花会，每年农历四月二十到四月二十八演出，当地人称之为“四月八庙”。演出以“大驾”皇会为主，其他花会配合，进行踩街活动，一直演到四月二十七日这天。然后花会从观音庙出发，走一路耍一路，到辛庄后打尖留住一宿，次日一大早奔大寺王村的峰山药王庙为药王进香后，接着耍会，至此活动方告结束。

灰堆早年有高跷会和少林会。灰堆高跷会属于文高跷，踩高跷的木制腿子比其他高跷队的腿子高。演员称为“会员角”。扮演的角色都是男扮女装，多以古典作品为题材，表演的方式是“耍、学、逗、唱”。灰堆高跷在天津名列前茅，远近闻名，有歌谣赞：“灰堆高跷腿子高，青蛇白蛇戴假脚；小子扮装比女俊，技艺精炒有绝招！”

灰堆少林会也称“少联会”,由村内青少年组成。武术大师为冯大爷,学员按年龄分为大、中、小三个科班,小班先学基本功,中班学练各路拳法,大班学练“十八般兵刃”的运用和招数。演武场地是露天和大厅相结合,原来一座空旷的大仓库作为少林会的练武大厅,村人俗称练习房。也有歌谣赞:“灰堆少林武功强,冯老大师教儿郎;拳法兵刃全精通,轻功飞跃跳过墙！”

海大道风物诗

海大道一线历史积淀深厚，环境优美，不少文人诗家描绘这一带自然景象和风土人情，为后人留下诸多脍炙人口的诗词佳作。

清康熙四十年(1701)，天津总兵蓝理指挥士兵自天津城南至贺家口，疏凿沟渠，开垦稻田200余顷，引海河水灌溉。历经多年经营，这一带稻田连绵，水渠纵横，俨然鱼米之乡，城南农民称之“蓝田”，时人赞誉“小江南”。清乾隆时钱塘籍诗人汪沆作《蓝田》诗：“蓝田雨过稻花香，吠蛤声中趁夕凉。唤作小江南也称，僧衣一带抱迥塘。”清末天津籍学者华鼎元也有《蓝田》诗一首：“去天尺五是城南，百亩良田旧姓蓝。欹侧柴门临水立，稻花香处雨初酣。”

姚承丰诗云：“十字围，获早稻，车戽声中波浩浩。七十二沽云水乡，半是捕鱼不插秧。汪司农，蓝总戎，能以人力夺天工。二千余亩分田界，葛沽以北白塘东。秋色红连稻花吐，直使斥卤成膏土。吁嗟乎，十字围，非小礼。”诗中所称车戽，即水车、水斗。汪司农即汪应蛟。樊彬诗云：“津门好，规划有良模。十字围田抽早稻，四门潴木灌葫芦，遗迹未模糊。”华长卿诗云："河水澄清红稻肥，田间燕子双双飞。葛沽遥接贺家口，士人相传十字围。桃花风起吹红雨，辘轳声里啼桑扈。十围零落剩两围，插秧犹击咚咚鼓。朝阳含露秦天秋，天水无声日夜流。近海人家善插莳，炎风五月尚驱牛。双港水车声婉转，蜻蜓飞起晴丝卷。何人置闸泄春潮，一湾沽水笼烟暖。白玉塘边碧芊茸，遗址依旧水溶溶。士人千载利其利，举杯酹汪司农。"又云："十字围边古钓台，葛沽红稻花争开。渔翁补网月初落，时有香氛扑面来。"

清代有些诗歌对咸水沽和葛沽一带的旖旎风光和人文历史大加渲染，使人印象尤深。

葛沽作为华北"八大古镇"之一，因丰财、厚材盐场设于此地，曾建有九桥十八庙，且地处海河之滨，镇内小桥流水，穿街过巷，美丽的景色、众多的古迹曾吸引了诸多文人雅士前来观光探幽。

清康熙年间以业盐定居天津的金平向以风雅著称。他对葛沽大好风光向往已久，许多年一直怀有"到此一游"的夙愿。他在《次葛沽》一诗中写道："十年怀此地，百里未能游。一夕随潮至，千门向水流。桥横村树静，蝉响稻粳秋，何日期沮溺，耕烟卧垄头。"金平终于来到葛沽，融入此地美景，以致萌生出长居于此之心。此诗被收入乾隆四年编纂的《天津县志·艺文》中。与金平同时代的张霆对葛沽感情亦深，数次由津乘船顺流而下前往葛沽，每次皆有感悟，除作《放舟之葛沽看桃花》外，还作《葛沽绝句》三首。其一："三月春和处处宜，绿杨堤上步迟迟。榆钱满眼无人爱，难买春光烂贱时。"其二："不是桃遮即柳遮，清流活活稻田斜。寻诗偶倚篱根立，闲看儿童戏水车。"其三："十里香云未放红，携樽晚酌小桥东。蛙声绝似催花鼓，乱响桃源万树中。”张霔的三首绝句富有情趣地勾画出当年葛沽的自然景物——既幽雅而又充满生机。

清代中晚期，葛沽仍然是世人向往的风景名胜之地。以“苦吟诗人”著称的周焯写过一首七绝，名《葛沽》，诗曰：“水车灌井疾于毂(车轮)，少妇推犁健似男。莫讶此乡风景别，迩来何处不江南。”人称“风流太守”的吴人骥写过一首《葛沽道上》，曰：“海门东望葛沽堤，一路春风入马蹄。水上桃花村外柳，红妆多在画楼西。”周、吴均为名重一时的文人学者。周焯精书法，善篆刻，喜收藏，于诗尤嗜，曾从城西海潮庵获“桥亭卜卦砚”在津传为佳话，遂为其诗集题名《卜砚山房集》。吴人骥是位进士，曾任莱州府知府，为人风流倜傥，善作诗画，旁及词曲，精于鉴赏。周、吴创作的葛沽诗生动形象，充满生活气息。

葛沽美景非但为津人所青睐，一些外籍诗人也曾慕名而至。被称为“仙才”的清代学者、山西蒲州吴雯(1644—1704)便写下多首《之葛沽舟中杂诗》，其中一首写道：“短蒲沙带退潮痕，花里楼台柳外村。暂歇吹箫倚双桨，闲看丝网摘河豚。”另一首写道：“海上人家沙上居，长河东下又分渠。纷纷晒网斜阳里，可有仙人孙卖鱼。”吴雯曾多次居于天津大盐商张霖、张霔的私家园林问津园。吴写此诗正是客居张家之际，他由天津城东海河乘舟去葛沽，记下了他在葛沽的所见所感。清初浙江嘉兴籍僧人成衡(其时为天津普陀寺即海光寺住持)也曾专程去葛沽，留下《葛沽宿洛迦方丈》一诗。

从清人诗作和记述中可以看出，在葛沽，最使人钟情是河畔巷陌间那灿如红霞的桃花和烂漫多姿的杏花。《天津县志·艺文》收有一首童国松的诗作，题目就是《葛沽看桃花》：“人面相看浑欲醉，不须沽酒借朱颜。布帆一片红于锦，岛上来寻度索山。”汪沆(1648—1764)的《津门杂事诗》(乾隆四年刊)有“葛沽吹来杏花风，草长莺飞树树红”之句，尤为欣赏葛沽的杏花，且有小注：“葛沽杏花极盛，淹滞三年，未一寓目。”樊彬(1796—1881)的《津门小令》(嘉庆二十三年刻本)则将杨柳青古镇与葛沽古镇的风物相提并论，称“柳口(杨柳青古名)芦飘三尺雪，葛沽桃放一林霞”，明确指出“葛沽多桃林”，强调的是这里的桃花。当然，无论是桃花还是杏花都是那样地令人陶醉，这当是葛沽景物最大的“看点”。

20 世纪 30 年代的葛沽慈云阁。慈云阁是葛沽最高的庙宇，约五层楼，是重阳节登高的去处。阁内分别供奉有如来佛祖和观音菩萨。阁门前有一对石狮蹲在台上，左为镇洪水泛滥，右为镇火灾肆虐。慈阁朝晖是“葛沽八景”之一。清乾隆三十二年(1767)，乾隆皇帝驻跸葛沽时曾登阁览眺并留有诗作。

其后，又有多首名人诗作吟咏葛沽的桃、杏。清道光年间崔旭在《津门百咏》里写道："满林桃杏压黄柑，紫蟹香粳饱食堪。最是海滨好风味，葛沽合号小江南。"同治年间华鼎元《津门征迹诗》也有《葛沽》诗："葛沽三月灿朝霞，问径无由望眼赊。正欲寻春春又去，年年辜负是桃花。"面对满林桃杏，饱食紫蟹香粳，体验海滨风味，彼时之葛沽早已博得"小江南"的美誉。

咸水沽地处海河尾闾要冲，这里环境优美，经济繁荣，早在清前期已引起天津及外籍不少学者、诗人的关注。流传于今的清人咏咸水沽诗常常把我们带到昔日咸水沽的自然景物之中，也让我们领略到古代发生在这里的动人故事。

清乾隆时孟淦曾作《咸水沽闻蝉》："浅深沽上雨初收，特向津门放小舟。借得半帆风正好，绿荫深处一声秋。"孟淦，山西太谷人，清乾隆四十四年(1779)官拜长芦分司。此前，其父孟周衍在天津曾与他担任同一职务(当时叫青州运同)，且捐俸建盐关浮桥(人称孟公桥)。孟淦赴津就任，"信步浮桥上，茫茫眼界清"，特驾小舟巡至咸水沽，亲见海河下游之开阔，听得绿荫深处之蝉鸣，满怀感慨写下此诗，今人读到这里，仿佛穿越时空的隧道，二百多年前咸水沽的夏秋美景尽收眼底。

清同治年间津人华鼎元《津门征迹诗》中有一首是专门描写咸水沽的："一夕潮来集万帆，海滨广斥少层岩。清时安乐萑苻息，哪怕临河水味咸。"此诗更多的是突出这里漕运的发达、盐业的兴旺，让我们看到当年河海地缘的优势为咸水沽码头经济带来的繁荣。

清人咏咸水沽诗中，汪沆、蒋诗、崔旭的几首则主要是讲咸水沽的典故。汪诗云："豆子䑩边夜射鱼，潮痕初上柳风疏。千年刘格芟夷后，金镞犹耕出废墟。”(《津门杂事诗》)蒋诗云：“霸道当年聚卒徒，格谦负海据偏隅。几回吊古无人识，豆子?今咸水沽。”(《沽河杂咏》)崔诗云：“史传霸道格谦名，禽获曾烦屡用兵。海畔清时无啸聚，人从豆子䴚边行。”(《津门百咏》)

三诗所称豆子䴚据《地理今释》等书载，即“今咸水沽”。诗中提到的“霸道”“格谦”都是人名。“霸道”即刘霸道。《隋书》载：“豆子?负海带河，地形深阻，大业七年刘霸道聚众于此。”《资治通鉴》载“平原东有豆子䴚”，“有刘霸道者，家于其旁……喜游侠，食客常数百人。及群盗起，远近多往依之，有众十余万，号阿舅贼。”《方舆纪要》载：“大业十二年，贼格谦据豆子?称燕王，王世充击斩之。”据此可知，隋末起义前期的刘霸道、格谦等均从这里起事。

汪沆、蒋诗、崔旭在清代都是颇有影响的人物。汪沆，字西颢，钱塘人，乾隆初即来天津，曾与吴廷华主修《天津府志》和《天津县志》。蒋诗，字秋吟，浙江仁和人，嘉庆进士，翰林院编修。崔旭，号念堂，庆云人，嘉庆举人，与梅成栋同出张问陶门下，有“一日得二诗人”之目，先后在天津居住达四十余年。三人诗中所谓刘、格起义之事确有文献依据，但有人对咸水沽即豆子?一说却有不同意见，认为豆子?在今山东省境。对此还是周汝昌先生说得比较客观。他在《简评天津市津南区区志》一文中说：“本区到南北朝、隋、唐时代，还是浩茫无际的‘䴚’。”我以为古代所称豆子䴚可能范围很大，今之咸水沽也包括在内恐怕是没有问题的。

鸦片战争以后，天津进入半殖民地半封建社会。海大道景物随之出现了变化。近代现实主义诗人杨光仪曾作《梁家园》诗：“夹道垂杨生暮愁，梁家园外水空流。寻常挑菜春风路，并起西洋百尺楼。”诗中“并起西洋百尺楼”句，说的是1860年《北京条约》签订后，英法帝国主义者纷纷在天津开设租界，海大道两旁，洋行林立。

清光绪十二年(1884)，醇亲王奕譞巡阅北洋海军，沿途吟诗纪游，计得五十首，其中也有吟咏海大道沿途所见的诗作。《葛沽即日》云：“柳岸茅檐若画图，水田绿接麦田铺。倚门野老萧闲甚，记得当年荡析无。”船行到葛沽地方，看到岸边垂柳依依，柳下茅草屋整齐划一，就好像是画家画的那样。一望无际绿油油的水田，连接着碧波荡漾的麦田，简直像一片巨大的绿色地铺。乡间老者们显得安闲自在，倚在家门口谈天说地。今天已看不出原来的情况了。

《自紫竹林码头，偕李相国、善都统同乘快马轮船六十里，换海晏轮船赴大沽一律》云：“一区楼阁拟欧洲，寄迹浑如缩地游。人杂华洋屯古渡，船如鹰隼掠高秋。柳营旌旆难兄继，芳甸町畦上将留。欲起九原英魄告，要知贝锦等蜉蝣。”作者慨叹，海大道边紫竹林竹界地内的高楼台阁，是依照欧洲建筑风格建造的。这里是欧洲的缩影，游览这高楼大厦和租界地内的风物人情，就仿佛置身欧洲一样。

一路两世界　南北多分治

——一百年前的海大道

大沽北路段

近代历史，风云变幻。天津开埠后，海大道整体状况发生了改变。因社会环境、市政建设等不同，海大道大体分三段，即大沽北路段、大沽南路段、津沽公路段。

先说大沽北路段。

这里所称“大沽北路段”是指今天的张自忠路至徐州道那段道路。一百年前，这段路的北段归法租界，南段归英租界。法租界段又称一号路、大沽路、海大道，有通海之意；英租界段又称大沽路、海大道。1946 年合并统称大沽路，1981 年改为大沽北路。

1860 年第二次鸦片战争以后，英国驻华公使卜鲁斯依据《北京条约》第四款照会直隶总督恒福，三口通商大臣崇厚，提出划城南海河右岸自紫竹林至下园一带为英租界，计占地 460 亩。此即“原定租界地”。在原定租界地基础之上，英租界又进行了三次扩张。

法国是继英、美两国之后在天津设立租界的第三个国家。天津在 1860 年开为商埠之后，法国便依据中法两国间签订的《天津条约》（1858 年）第十款和《北京条约》（1860 年）第七款，要求占据英租界北侧360亩的土地作为租界地，法国在此基础上，又进行了两次较大规模的扩张。

英法两国租界从1860年建立至1945年收回，共存在85年。“大沽北路段”多为法式、英式建筑，且多为英、法机构和各种设施。

在这路上有清光绪五年(1879)建成的近代中国第一所正规的私立西医医院——伦敦会医院新院（原大沽路75号，今口腔医院址）。该院前身是英、法联军随军医疗所，清咸丰十一年(1861)扩建为驻屯军医院，同年移交给基督教伦敦会，更名为“英国基督教伦敦会医院”。清光绪五年(1879)英国传教士、医生马根济来津在该院行医，治好了李鸿章妻子的病，李鸿章资助白银四千两，又向社会募集六千两，为该院建成歇山顶式建筑一座。1924年又建成新的门诊部，为砖木结构四层建筑，建筑面积4810米。平面呈“凹”形布局，红砖清水墙，平顶，带女儿墙，名为“马大夫纪念医院”。

马根济，1850年生在苏格兰的一个基督教家庭。1874年，在英国布雷斯顿医学院毕业，并在爱丁堡医学院获皇家内、外科医学院医师资格，后又进伦敦皇家眼科医院学习。他能讲法语、德语，经常到美国、希腊、土耳其和欧洲其他国家旅行。1875年，受基督教伦敦会的派遣来华，在汉口“仁济医院”当医生。马根济和夫人在汉口共生活了3年半，后因妻子无法适应当地炎热的气候，夫妇俩经上海乘船北上，1879年3月12日到达天津。马根济说：“尽管我可以帮助教会直接做传教工作，但我觉得我所受的教育和特长被忽视，除非我从事一些医疗实践。”马根济于清光绪十四年(1888)病逝，医院命名“马大夫纪念医院”是为了纪念这位英国伦敦传教会的传教医生。

马大夫纪念医院旁(今口腔医院的一部分)为伦敦会(原大沽路77号),建于清光绪三十三年(1907)。伦敦会全称伦敦国外布道会,属英国差会。1907年传教士贝理循用庚子赔款,在李鸿章所赠土地上兴建此教堂及传教士住宅,成为该教会的活动中心。1931年易名为中华基督教会。

马大夫纪念医院斜对过,有清光绪十九年(1893)建成的近代中国第一座西医院校——北洋医学堂,并附设北洋医院,专门培养军医人才。这是一座中国旧式民房建筑,由天津招商局总办朱其诏捐赠。原有房屋180余间,后又添建78间,学堂与医院皆为衙门式的古建筑。门楼高大,黑漆大门,各悬挂横匾一块,分别为"北洋医学堂"和"北洋医院",二者均系李鸿章所书。李鸿章还为该学堂题写了一副对联:"为良相,为良医,只此痌瘝片意;有治人,有治法,何妨中外一家。"

与马大夫纪念医院相对的地方还有清光绪二十八年(1902)创办的学院——新学书院。这是一座访英国牛津大学青灰色古堡式校舍建筑。该院前身为养正书院,是英国伦敦会于清同治三年(1864)创建的一所圣经学堂。天津新学书院的创始人及第一任院长为赫立德博士,第二任院长为戴乐仁,副院长穆瑞。新学书院作为一所教会学校,以英语教学见长,学

新学书院外景

生英语水平较高,1935 年,由上海开明书店出版的汉译天文科普名著《宇宙之大》一书,就出自该校一位高中生侯硕之手笔,本书在中华人民共和国成立之后还曾出版。新学书院出了不少名人,已故内分泌专家朱宪彝大夫青年时代曾在该校就读。著名物理学家袁家骝、剧作家黄佐临等均系新学校友。历届毕业生学习成绩优异者多保送去中国香港或英国深造。

海大道花园坐落在原法租界海大道(今大沽北路)与巴斯德路(今赤峰道)交会处。清光绪十年(1884)出版的《津门杂记》记载:“园于庚辰(1880)岁构于海大道之西,地广百数十亩,路径曲折,遍栽花木,小桥流水,绿树浓荫,规模备具。每当夕阳欲下,西人挈眷携童徘徊其间,为消遣之地,而华人散步闲游,亦概不禁阻云。”花园的景色,近似自然田园风光。

1899 年 9 月 16 日,日本人内藤湖南在天津游过租界的公园。他说:“天津紫竹林的外国租界设有公园,一个星期中两个晚上有乐队演奏。在附近凄凉的景色中,只有这里绿树成荫、郁郁葱葱,环境宜人。不能进入这个公园的有二,一曰中国人,一曰狗。穿戴得威风凛凛的中国人巡捕守卫着园门,阻拦同胞的进入。”(《燕》,第 146 页)对此,《都市镜像——近代日本文学的天津书写》的作者李炜分析说:“在内藤来天津的 1899 年,天津已经有三座外国人建造的公园,分别是建于 1880 年位于法租界的海大道公园、建于 1887 年的位于英租界的维多利亚公园、建于 1895 年的位于德租界的德国公园。当时日本的领事馆就设在紫竹院内,尽管目前尚未找到具体资料证实他究竟去的是海大道公园还是维多利亚公园,但这两所公园在建成初期,都曾在院门口竖立的‘游园规则’中,写有‘唯华人非与洋人相识者或无入园证券者不得入内’‘有人与无人带领的犬一律不准入内'之类条款,公然侮辱中国人民而引起公愤,后来不得不取消。"

法国公园实为海大道花园旧址的一部分，或者说海大道花园最初的范围是包括法国公园的。这座公园的建造时间是在1917年,1922年竣工,占地面积1.27公顷。整体呈圆形,是典型的法国规则式园林。小区由同心圆与辐射状道路分割,设4座园门。园中心建西式八角石亭,亭四周以草坪环抱,南端竖铜像一尊,右手持剑,剑尖向下,左手握鞘,称为"和平女神"。这座公园的招牌娱乐项目是正面附近的转塔秋千。1931年4月7日的《益世报》说:"转塔少友,皆着鲜艳春服,精神活泼,运动矫健,舞云飞霞令人忽忆童年之乐趣也。"张爱玲童年时在公园的长椅上与弟弟照过相。1935年萧乾在天津《大公报》编副刊期间,与曹禺、章靳以、何其芳、李尧林、毕奂午在公园里合过影。法国公园曾改名为"霞飞广场",1941年更名为中心公园,1945年又改名为罗斯福公园。1949年恢复中心公园原名。从1910年版天津市区图上看,海大道花园与后来建起的法国花园一带,在当时确实是一片空旷地带。

19世纪80年代,作为法国狭轨制造商德康维尔铁路公司在华代理商的英国怡和洋行曾从"海大道西"铺了一条窄轨轻

法国花园(今中心公园)建于1922年

法国花园(今中心花园)中的“和平女神”铜像

便铁路直通老城区。据刘海岩《电车、公共交通与近代天津城市发展》载:1886年,法国德康维尔铁路公司在华代理商、英商怡和洋行,为了向清政府推荐引进该公司的产品,在英租界海大道(大沽北路)以西到海光寺,铺设了大约三四公里的窄轨铁路,蒸汽机车牵引数节车厢在轨道上往来行驶,“开车载客,俾众游玩”,中文报纸称之为“地可味而铁路”,类似于今天的轻轨。当时,每乘坐一个来回,上等座票价三角,最下等五分,并有一车专载女客。李鸿章也曾率众官员前往视察乘坐。这种前所未见、轰轰作响的机械牵引交通车,吸引了不少市民,“往看者踵接肩摩,熙来攘往,直有万人空巷之概”。可是,围观看热闹者多,“每见妇孺拥塞道旁,或奔走追呼,或咨嗟艳羡”,乘坐者很少。

海大道今营口道以南至开封道这一段属于英租界。此段路早年为木头马路,是英国人用灰土碾压密实后,再铺木块层,所用木块都是由加拿大运来的加工好的美利加松和红松木块,用沥青浸过后,木块的年轮面向上竖排,再用钢丝固定后,再在上面加沥青混凝土碾压成的道路。

在英租界的这段路上有一座先农公司大楼。先农公司成立于1901年,专门经营房地产,由英商公会董事长、英工部局董事长狄更森创建，在津拥有大片房地产，占全市外侨用房总数的44%。1924年在此建办公大楼，为砖木结构，四层，建筑面积2864平方米，英籍建筑师奈尔设计。首层石砌墙基，中央作双柱弧形入口。二层以上以壁柱分段，顶层中部装饰性塔楼。

英国菜市，它和法国菜市都是天津最早的新型零售市场。

海大道与博罗斯道（今烟台道）交口的那幢楼最早是美国兵营。与兵营对角处是20世纪初建的英租界菜市，人称“英国菜市”，初为集市性质，后在海大道西侧修建封闭式专门市场，呈长方形，东为正门，南以便门。正门悬挂菜市场管理章程及逐日各货市价表，一目了然。菜市管理章程36条，内容重在维持治安，保持清洁，违者处以10元以下罚款；货物价格，统一标准。凡在菜市内营业者，分类设摊，以便购买。工部局对摊位按月收捐。

1918生于天津，并一直在天津生活到18岁的爱尔兰人布莱恩·鲍尔，童年时家在英租界咪哆士道一幢公寓楼里，保姆常带他和哥哥去维多利亚花园，然后从花园到位于海大道（今大沽北路）上的英国菜市场买菜。布莱恩·鲍尔回忆：菜市场附近的墙根旁边，还有各种杂耍、说书、戏法的表演。

再往南去，则有戈登堂、开平矿物局、天津基督教女青年会等高大的楼房。基督教女青年会1855年创办于英国伦敦，

1878 年成立的开平矿物局

是一个全球性质的基督教女青年社会服务团体。1890 年女青年会由美国传入中国，天津基督教女青年会发起人为梁撷香、雷舜笙夫人、钟德贞夫人、蔡述堂夫人、熊学智夫人、陈敏修夫人等，是中国成立较早的城市女青年会之一。会址最初设在海大道(今大沽路)伦敦会内，后经搬迁，1934 年建成了新会所(今市妇联大楼)。

这段路上曾居住过不少历史名人。严复便是其中一位。严复(1854—1921)，初名传初，曾改名宗光，字又陵，又字畿道，福建侯官(今闽侯)人。中国近代著名资本主义启蒙思想家、教育家和翻译家。曾译《天演

1912 年建起的开滦矿物局

论》,宣扬“物竞天择,适者生存”的进化论,号召国人救亡图存。毛泽东主席赞誉他为“代表了在中国共产党出世之前,向西方寻找真理的一派人物”。“庚子之役”后,严复回天津出任开平矿物局华部总办,这次他住进了海大道开平局的房子。

严复在天津的照片。中间坐者为严复,后依次为:叶祖珪、林颖启、萨镇冰。

1910年,严复到京任职,在给朱明丽的信中讲道:“刻新屋业已妥妥,在西城太安侯胡同,颇为轩厂,系七开间三进朝南,马号、书斋均有,大似前海大道开平局房子也。”英租界海大道与泰安道交口的开平局后恰有一处这样的房子,而这时的开平局也恰是红砖楼房,这楼也恰在海大道上,这中式院落就在它的后边。这就是严复当时所住的房子。严复住进海大道开平局这个小院子后,他的次女严璆、四子严璇都是在这里出生的。

这段路上还有礼和洋行天津分行。该行由德国人卡罗威治于1887年在上海设立总行,随后在天津设立分行。该行主要从事军火生意,兼作机械五金业务;出口以土特产为主。行址初设针市街,第一次世界大战后迁入英租界。旧址为砖木结构,三层,建筑面积3160平方米。立面砌筑出檐券门,券洞式窗口。

“紫竹林”的来龙

说到海大道(大沽北路段)决不能绕开当年的紫竹林。紫竹林这一地名得之于清初修建的一座寺庙——紫竹林寺。当年,紫竹林寺庙前矗立着一座精致的牌坊,且伴有古树两株,寺内正殿三间,供奉观世音菩萨,两厢建有配殿,院内植竹种蔬,为津沽一处胜迹。

修订于清康熙十三年(1674)的《天津卫志》和清乾隆四年(1739)的《天津县志》对紫竹林尚无记载。不过,成书于清道光四年(1824)的《津门诗钞》收入梁洪(崇此)诗十七首,诗后梅成栋加有按语说:“天津海河西岸有寺曰‘紫竹林’,在上园之南,相传天花和尚焚修其中,梁崇此先生赠之诗云:‘萍迹今初定,新修紫竹林。一椽堪挂锡,三径始关心。花色拈秋影,潮声落磬音。他年成胜地,若个不追寻?’”且又引张霔《天花道兄住锡紫竹庵,秋日携诸子过访偶成》诗和徐兰有关紫竹林的诗作。张霔诗曰:“荒山曾住惯,何况似村居?市远难沽酒,园多可种蔬。野人惊杖履,土壁饰图书。珍重相期意,高风慎在初。”徐兰诗曰:“住锡闻今日,招寻曲径通。当门双树老,照佛一灯红。泉汲天心月,葵烹爨下桐。镇山无宝带,清话海云红。”梁洪、张霔、徐兰都是康熙年间人，说明他们在世时，紫竹林寺初建。从他们三人的诗中看，该寺地处远郊，水田交错，杨柳成荫，环境幽雅，寺庙主持为具有一定文化素养的天花和尚。

清道光二十六年(1846)刻本《津门保甲图说》第六图右上角已明确标有紫竹林寺，并且标有高家庄、叶家庄、紫竹林村这三个村庄，可知清朝中叶紫竹林寺一带已发展为紫竹林村。嘉道间著名诗人梅成栋《欲起竹间楼存稿》(清钞本)，书中即收有《沿海河独行，过紫竹林喜书所见》一诗。诗中道“高柳绿围村，村烟接水痕；板桥通古寺，花圃背衡门。”该诗所描绘的“古寺”即为紫竹林寺，而那烟树野景则正是当时紫竹林村的绮丽风光。

紫竹林寺的具体地点当在今承德道解放北路与吉林路之间的位置上。据英人雷穆森所著《天津——插图本史纲》一书(写于1925年)的记述：“紫竹林这个村庄位置在海大道(今大沽北路)上，也是法租界的西界。在威尔顿路(今承德道)上的法国市场的旧址上有一座紫竹寺，其庭院内有几株竹子。”紫竹林寺以北有紫竹林大街，接近现今吉林路，西南则为“马大夫医院”(今口腔医院)。

近代以来，紫竹林声名鹊起。清咸丰十年(1860)《北京条约》签订后，天津开埠通商，以紫竹林为中心，方圆近950亩土地划为英、法、美租界，紫竹林寺庙划在法租界内。晚清举人丁冶棠曾四游紫竹林。清光绪十五年(1889)元月初，他第三次游紫竹林时称：“出街消散，随喜紫竹林。殿三楹，大士金容，惟妙惟肖，天人具足。出饮天盛茶楼，人杂而嚣，解渴即归。复玩洋行，槐柳接荫，绳直矩平，大概与上海似，繁冶逊之，较前所见，踵事增华矣。”这时租界当局在这里大兴土木，筑路建房，设洋行、置关卡、建教堂、筑兵营、修码头，建筑都以紫竹林命名。紫竹林寺地处法租界中心，当时寺内曾设有“会讯公所”，租界地区的案件问题多在“会讯公所”内解决。紫竹林大街因靠近海河，水陆交通便捷，又处于英法租界交界处，引来众多城乡商贩麇集。来自农家鲜活鸡鸭鱼肉、刚采摘的青菜，每天拂晓经水路舟楫或旱路运抵市场。采买人员摩肩接踵，人声鼎沸，交易火爆。许多洋行聚集大街周边，客商来往频繁，客栈林立。

有一幅杨柳青年画《新到天津紫竹林跑自行车》，画面上，洋楼林立的紫竹林租界街头，三名青年男女在表演单人和双人车技，旁边既有西装革履的洋人指手画脚，叹为奇观，又有中国男女老少聚众围观，不断喝彩，使我们形象地了解到旧时租界的生活场景。

紫竹林并不显眼，但这个名称却在西方文献中叫得甚响，以致在一些文牍中，“紫竹林”成了租界地带的简称，为全国乃至世界所闻知，并通常在口头上也以紫竹林与租界连称。一些西方人还将“紫竹林”作为天津的代名词。西人威尔弗雷德在其 1933 年撰写的《天津紫竹林》一书中，说紫竹林“先前位于一片烂泥和沼泽之上，外国租界就起于此，紫竹林陆路跨大沽(靠近直隶湾)35 英里，距北京 80 英里”。民国时商务印书馆编印的《中国古今地名大辞典》中也将这个名称收入，可见紫竹林的地位之高、影响之大。

清光绪二十六年(1900)，英法等国组成八国联军入侵天津，义和团首领张德成、曹福田和红灯照首领林黑儿等率领义和团分三路于 6 月 20 日进攻法租界包围紫竹林，直攻到英法租界的交界处(今营口道中国银行后门一带)，团勇们火烧洋楼、捣毁敌巢，持续激战达一个月之久。“庚子之役”后，因建房拓路，紫竹林寺庙被拆除，在原址上建起法国市场。

随着时代的变革，紫竹林地区（主要是靠近今天的解放北路一带）于20世纪二三十年代逐渐形成当时的金融中心，并享有“东方华尔街”之称。一幢幢风格迥异的豪华富贵建筑，气势雄伟，充分显示出金融、银行建筑的特征，这在中国其他城市是绝无仅有的壮丽奇观。

1860年天津开埠后，法租界紫竹林一带逐步形成为新的繁华街市。

“小白楼”的崛起

沿海大道，由紫竹林往南，行至一两公里，是“小白楼”。说到小白楼这个地方，更是离不开海大道。当年海大道正好从小白楼地区通过，故“小白楼”的兴起也得益于这条贯通东南与西北的通衢大道，两者互为依托，促进了一方经济的繁荣。

这个地带为嘛叫“小白楼”？流传着两种说法，一种说法是在租界地开辟不久，有几个在侵略战争中留津没回国的英国单身士兵，在英租界南部海大道与狄更生道的拐角处（今大沽路和徐州道的西北角）盖起一所二层小楼，外墙均涂白色，作为他们的娱乐场所。后来，当地人就以这所白色楼房作为当地的称呼。另一种说法是：在海大道（今大沽路）和克森士道（今

20世纪初天津德租界穆姆街，也称三号路（今徐州道），植有树木，道边建有排水沟。

20世纪三四十年代的特一区无锡路(今徐州道)街景。

开封道)交口的西北角,早年曾有一所中国古老的楼台式两层小楼房,外墙全为白色,门前有一对汉白玉狮子。这座小楼房是清朝洋务官僚招商局总代办徐润的家庙(祠堂),当地人称之为“小白楼”。后因年久失修,房主更换,痕迹全无,但小白楼的称呼却流传下来。

小白楼的地方不大,但名气不小。清咸丰十年(1860)天津开埠后,帝国主义列强争先来天津强辟租界。最初,小白楼一带为美国租界,其地域东西方向以海河与海大道为界,南至今开封道,北迄今彰德道,面积约131亩。1902年,美、英私相授受,将美租界并入英租界。后英商先农房产公司在小白楼一带建房开发,首先在克森士道(开封道)西段南侧建造了全长近600米的先农里,然后在狄更生道(徐州道)、海大道(大沽路)、今开封道等处建造大批楼房。小白楼东侧是海河航运码头,其英租界的金融、贸易中心——维多利亚路(今解放北路)贯穿于区域中心,因而在该地界形成了以外国人及中国的官僚、买办、下野政客、军阀为服务对象的销金窟。这里有饭店(外国人在天津开办最早的饭店——利顺德饭店)、酒吧、舞厅、电影院(平安、蛱蝶、光陆三影院是当年天津最高档的电影院),更有理发、美容、西服裁剪等行业，还有专门经营进口化妆品、服装、鞋帽及洋酒、罐头、西点、糖果的商店，均以高档、时髦而著称。

1901年《辛丑条约》签订后，各国军队以保护本国侨民为由进驻租界，小白楼一带形成为外国士兵服务的各种场所，酒吧、舞厅、妓院一应俱全。20世纪末至30年代中期，小白楼商业区进入繁盛时期，而小白楼最早的繁华街道正是在海大道(大沽路)及海大道的朱家胡同一带。当时的海大道上有华竹分店、元隆分店、中国同昌绸缎公司、益昌祥等绸缎店。中国、交通两大银行的分支机构亦坐落在这里，恩庆永银号在朱家胡同与海大道交口处。今徐州道至镇江道的海大道两侧，叫卖行比比皆是。每至夜晚，这里成了灯红酒绿、纸醉金迷的世界。

苏联“十月革命”后，大批“白俄”涌入天津落户，人数多达三五千人。他们居住在小白楼今开封道、徐州道的西半部，以及特一区(德租界)今南京路与徐州道交口的义庆里、南京路与马场道交口的汝南里一带。由于不承认苏联政府，他们失去了国籍，形同难民，却在小白楼地区开辟了新的家园——他们成立了“俄侨协会”，开设了教会、学校、医院、商会、俱乐部、舞厅、餐厅及各式商店。故而旧时也有人将小白楼称

旧时小白楼一带的白俄暗娼住楼

之为“俄国城”。

“白俄”的命运各不相同。他们中的有些人头脑灵活，善于钻营而赚钱致富；也有的卖身投靠，当了间谍；更有相当一部分人落魄潦倒，生活无着，难以为继，被天津人称为“穷老俄”。

“穷老俄”坐吃山空，没有钱，有嘛卖嘛，一架钢琴，也就只卖到一双皮鞋的价钱，东西卖光了，就卖自己的妻女。老作家林希在《津门旧事》中提道：“天津起士林餐厅楼下，每天都坐着一茬旧俄贵族，他们自然已经是吃不起俄式大菜了，他们每人面前放着一杯红茶，也不喝，喝光了起士林餐厅老板就要把他们往外边撵了，他们看着面前的红茶，等着进来用餐的单身汉。遇有单身汉进来，看着又有点不正经，这时候，他们中就会有人走过去，往这号人的口袋里塞一个小纸条，纸条上写着地址，心有灵犀一点通，看到这个小纸条，按着地址找到地方，什么人等在里面，那不必再细说了。”

天津有句老俗话，叫作“大老俄卖胰子——没有法子”，便是用“穷老俄”做比喻，意谓走投无路没有办法。旧社会天津人穷极没饭吃时常说“我真是大老俄卖胰子了”。当时社会上还流行一首童谣：“我本是大老俄的国，只因为我国实在是缺德，没有法子来到你们国，卖胰子、卖面包、磨剪子、戗菜刀。”

不可否认，小白楼商业区的形成和发展，既有历史、社会、人文的原因，也有地理、交通、环境的因素。

大沽南路段

大沽南路段全部在今天的河西区，人称“天津河西第一路”。大沽南路北起徐州道顺接大沽北路,中与蚌埠道、镇江道、南京路、浦口道、苏州道、杭州道、绍兴道、宁波道、金华道、奉化道、琼州道、西楼后街、利民道、爱国道、围堤道相交后折向东南,与解放南路、太湖路、洪泽路、洞庭路、天津造纸厂铁路专用线、微山路、下河圈路、曲江路、西横街、灰堆南北大街、柳林路、珠江道等相交,至双林桥接津沽公路。长 8790 米。其中北半部 1895 年沦为德国租界地，名第 19 号路、大沽街。1919 年复名海大道。1945 年因通往大沽口更名大沽路。

德租界建于中日甲午战争以后，从 1895 年建立至 1919 年收回,共存在 24 年。1895 年 10 月 30 日,德国驻津领事艮德就同天津海关道李岷琛等在津签订《天津条约港租界协定》,正式承认德国在津划定租界,计占地 1034 亩。1900 年八国联军侵华后,德军遂以德租界为据点,继续向海大道以西地区扩张,将附近的三义庄、桃园村一带据为己有,视之为新界。此时的德租界范围:东界海河,北连英租界;南达今琼州道,并从下瓦房向南延伸至今围堤道附近再向北折回琼州道，西沿今广

20世纪初的海大道(今大沽南路、南京路口附近),此为1903年寄往德国的明信片。

东路与马场道相连。当年德租界的设施有领事馆、工部局、巡捕房、消防队、德国俱乐部、德国公园等。

据称,1896年4月在德租界现今之大沽南路与南京路交口,建起中国第一个城市基督教青年会——天津基督教青年会会所。该会所由美国克伦扶兰的戴乐尔夫人捐款1万元(一说14000两白银)建造,名为戴乐尔纪念大楼,转年6月5日新会所落成并举行开幕式。1902年12月29日召开天津青年会董事会,决议将大沽路会所出售给英商先农公司。

袁世凯1909年在河南彰德隐居期间,委托津人王兆祥以其长子袁云台(袁克定)名义购英商先农公司这块地,面积17.287亩。袁世凯1912年任民国大总统后又投巨资进行整修、扩建和添建。计有砖瓦楼房6座198间,砖瓦平房58间,总建筑面积6318.34平方米。前后两道院。正门在海大道(今大沽南路)。房屋建筑非常考究,楼房多为西式建筑,富丽堂皇,风格各异。平房多为宫殿式建筑,设计多姿壮观。建有客厅、戏楼、祠堂,进门是影壁墙。院内有假山、花窖、亭子,种植各种花草树木。后多改建为民用住宅,临马路部分则建成商业用房。1990年保留下来的唯一一所楼房,在今南京路52号,于天津劳改工作局内，为一所二层西式楼房建筑。这处“袁氏老宅”为袁世凯妻妾及子女的部分住房。

当年，这条路的西侧有多座德式建筑和外国人的居所。与这条道垂直的曾有一条具有浓郁德国风情的小街，路北原来是一排德式公寓建筑。均为二层砖木结构，装饰颇为讲究。地板厚5厘米，铺架在密密麻麻的木质地梁上，经过上百年使用仍保持弹性，走在上面没有嘎嘎吱吱的杂声。雕花木门上的拉手为铜质、电镀。楼梯亦为木质雕花。从外观上看，每个大门口都分割成一个十多平方米的小院子，形成一个连体的公寓楼。进门是一间十多平方米的门厅，正面是楼梯，一二楼各有四五间房。这里曾是德国武官宿舍的一部分，也曾住过其他外籍人士。著名波兰新闻记者爱泼思坦就曾居住在这儿。

爱泼斯坦1915年4月20日出生在波兰华沙。1920年爱波斯坦一家来到天津。他们一家最初租住一套英租界的公寓，也是在海大道一带，后搬到这条街的一套德式公寓里。爱泼斯坦15岁从天津英国文法学校毕业，进入《京津泰晤士报》当了一名记者。1937年天津沦陷前后，他和同事们夜以继日地工作，把在天津的见闻，以客观公正、朴实生动的文字，通过美国合众社在上海的总部，迅速地向全世界做了报道。在抗战期间，爱泼斯坦与斯诺等外国友人一道投身于中国人民抗日战争，帮助革命者和爱国者离开敌占区到根据地去。爱波斯坦还应斯诺之约在津亲自掩护邓颖超，协助她平安返回西安。

德租界收回后，大沽南路的建筑已不完全是德式风格。今大沽南路365号的山东会馆则是一座中西合璧的建筑。

20世纪30年代初，天津的山东籍人士已多达10万之众。1933年春，山东巨商、盛锡福帽庄经理刘锡三，《大中时报》社社长徐皆平等建议成立山东旅津同乡会，兴建山东会馆，进而扩建山东公学，兴办救济和福利事业。同乡会成立后，决定向天津各界同仁筹款购地建永久会址，后经人介绍看中海大道95号一处大院。此地为薛姓地毯商的房产，占地4.96亩，大小房间30余间。院落地势宽绰，有树木花圃。建成后的山东会馆临街大门上筑骑门楼，门额上镌有“山东会馆”四个字，雄劲有力。1940年5月，为纪念筹建会馆出力人士，请陶玉耕著文记叙建馆始末，镌之于会馆院中影壁之后，并筑小亭覆盖石碑，碑亭上铺琉璃瓦，典雅美观。

德租界住宅建筑

山东会馆大楼曾一度被日本人强占，成立了伪华北电业公司，只给会馆留下院内东北角的小楼房办公。为了设法收回会馆的产业，只有在此成立一个慈善救济性质、各科齐全、具有足够规模的医院才能有理由设法找日本人交涉，将电业公司挤走。通过多方努力，1942年日伪华北电业公司终于迁出，董事会当即按正规医院对原建筑进行改建和装修，筹建山东医院。1945年秋日本投降不久，山东医院正式挂牌开诊。如今这里是河西骨科医院。

沿这条路往南去是一个叫“下瓦房”的地方。下瓦房往南有东楼、西楼、南楼等旧村落，这一带几乎见不到德式建筑了。

旧时大沽南路经东楼时在废墙子河（今津河）架有一座桥，叫“津海桥”。津海桥因古通大沽海口而得名。又因位近东楼，习称东楼桥。唐石父先生在《文物是地名资料的重要来源》(见《天津地名丛书》之一《天津史地知识》)中曾经提及：大沽南路东楼小河上桥，原名津海桥。但旧县志中均无此桥，只是在《津门保甲图说》中有记载。《津门保甲图说》一书是系道光丙午年新镌，可知建桥不晚于清道光二十六年(1846)。此桥原是一木桥，因年久失修，危及行人，影响车辆通行，因此，民国十九年(1930)，曾由天津云绅耆集资重建，并立碑志之，其名为《重修东楼村津海桥记》。碑文云：“吾津南乡东楼村，为达海之通衢。其间小河一道，横亘东西。曩有木桥，以通行旅，年久失修，势将倾圮。乡云绅者，相聚而谋，改建铁筋洋灰桥，以期稳固而垂远，诚善举也。”

大沽南路经过南楼后折向东南，至今双林桥连接津沽公路。近代以来，多家工业企业诞生在这一路段的周边地区。

1908 年 3 月，津浦铁路北段开工，因起始站尚未定址，先从良王庄修起，为卸下德国水运来的铁路器材和机车部件，先在沿河陈塘庄修建码头和站场。因此津浦铁路所属的机车修配车间在此落成。建设了车、钳、锻、铸、焊等各种一流设备，后发展为津浦铁路局附属的机车修配厂——津浦大厂。它是天津第一个大型机械厂。

1914 年第一次世界大战期间为天津民族工业发展提供了一次机会。因取水、排水和水运方便，倪氏财团在海大道附近沿河地带建成裕元纱厂。裕元纱厂 1915 年开办时资本 200 万元，以后逐年增资，到 1923 年，账面资本额增加到 556 万元，纺纱机达75000锭，织布机1000台，不仅成为当时天津规模最大、获利最丰、实力雄厚的民族工业企业，开近代天津大型纱厂之先河，还是当时全国华商纱厂中资本额最多的工厂。

20世纪初的天津德租界施赖雅街(今镇江道)，一侧已起建小洋楼，另一侧尚有空地。

1921年在挂甲寺附近又建成“北洋商业第一纺织股份有限公司”。其资本300万元，有纱锭28000枚，每年产棉纱20000包，工人1600人。

日商于1937年建立上海纺织株式会社天津工场（通称“上海纱厂”），位于河西区陈塘庄工业区大沽南路969号，占地20.67万平方米，建筑面积15.14万平方米。1949年1月天津解放，接管后定名天津市第四棉纺织厂。主要设备有纱锭10.58万枚，织布机2444台，气流纺1120头。主要产品有各类纯棉纱、涤棉纱、腈纶纱、气流纱等二十多个规格。

玉盛永地毯厂开办于1905年，创办人李玉德出生于专出地毯手艺人的天津武清县(今武清区)。1897年他13岁时，投奔北京西门派的“继长永”毯子铺的掌门，也是其表舅郑福明学习地毯手艺。1900年学完3年后出师，时值庚子战乱，李玉德、郑福明加同乡同事李君有三人来津创业，先设分号，而后三人集资在天津海大道英中街创办“三盛永”地毯局。李玉德负责供销业务，在业务实践中得到锻炼，眼界大开，遂决心扩大业务。但三人意见不一,最后分道扬镳。李玉德在其父支持下,变卖老家田产并吸纳尹魁章等少量股东,创办了“玉盛永”地毯铺,为美商协成洋行生产地毯,业务开展顺利,收益颇丰,资本逐年攀升，后建成当时天津占地最大的地毯厂——玉盛永地毯厂。

津沽公路段

津沽公路段起于今双林桥,止于东大沽渔船闸,长44公里。近代,这个路段除东南端有光绪年间在海神庙旧址上建造的大沽造船厂及化工厂外,绝少工厂企业。作为天津城区通往大沽海口的交通线,这个路段在沟通天津与南乡村镇方面发挥着重要作用。20世纪20年代,津沽公路被列为省道。

从郭登浩所编《天津县土志辑略》(天津古籍出版社2016年版)来看,这个路段在民国时期已有公路客运线。

民国时殷桂林撰写的《天津县葛沽镇概况》称:陆路有直通天津市、大沽之津沽公路(即海大道),该路汽车运客载货为福兴长途汽车公司专有权,其票价每位由天津下瓦房登车到葛沽六角,到大沽八角,较津沽航轮贵不到二倍,幼童登车亦按成人票价,因之时有争辩,而售票生不稍让,价票不补足,不可行也。

民国二十六年(1937)李吉馨撰写的《天津县李家庄乡土之述略》专讲交通一节:堪称便利,兹从水陆二路,分述之。水路:由距本庄的四里沽趁小火轮可直达津市的葛国桥,亦有轮船可达塘沽、大沽、营口、大连等。陆路:有复兴长途汽车,由天津市的下瓦房直达咸水沽，并可通达其他各地。故交通极为便利。

谢恩诏撰《天津秦勾庄乡土概述》亦有“交通”一节，称：沿河村庄，共有十三，以一径贯通之，各河村与对岸交通之渡口，有八，除田家嘴河上架大桥以通南羊码头，苑庄子河上架小桥以通北羊码头外，其余渡口，均有常备之渡船，以渡行人，秦家庄渡河即咸水沽的西大桥，津沽汽车路在焉，西通天津市，东达葛沽及东大沽，南可至小站，自刘家嘴渡河，即咸水沽，凡十三村生活之所需，大半皆取给于此，柴庄子渡河为西泥沽，再东行十四市里即葛沽镇，王氏楼渡河为郑庄子，再北九里余，即北宁路线之军粮城，又由郑庄子东渡，即东泥沽，凡由津浦路欲至北宁路线者，可不绕行天津市，经由马厂直趋小站，来此渡河，即至军粮城，此渡口水量深广，实占军事上重要之地位，水路有小汽船，每日按时，由咸水沽载旅客，往返天津市一次，又帆樯往来不绝交通极便。

王树桢撰《天津县前辛庄乡土述略》称：交通——陆路交通极为便利，由津市至咸水沽由津市至葛沽，由津市至小站之各汽车，均从辛庄中间穿过，如由该庄登车，需洋肆角，则四十分钟，可到达津市之下瓦房，水路交通，以距海河较远，颇感不便。

从以上所举乡土志可知，当时的津沽公路已开始运营长途汽车。有关于此，又可从1926年11月6日上海《申报》上刊登一则题为《津沽长途汽车定期通车》的消息中得到证实。文中写道：“天津至咸水沽间之交通，素不便利。凡货物运输，悉赖小航载运，煞费时日。兹有某巨商，创办津沽长途汽车，已得当局呈准备案。现已办妥新式宽敞之汽车六辆，闻已定于十五日开驶,往来天津咸水沽、小站等处。每日上午八时开行,为一班,十一时开为第二班,往来共开四班云。”

关于运营于津沽公路上的福兴长途汽车公司，朱振周撰写的《郝长福与福兴汽车公司》一文做过介绍:三义庄人郝长福,原是天津八大家之一的李善人家的司机。他先是从李家得到资金支持。紧接着,郝长福知道“要跑这条路线,必须得到咸水沽当地人支持”,“就找到祥发油坊的田家义合作”。由此,购置汽车,开办起了福兴长途汽车公司。福兴长途汽车公司筹办之初,获利颇丰。郝长福就开始筹划独家包揽经营津沽公路运输的业务。经过上下打点,公司于 1931 年与天津县政府、河北省建设厅签署了包修津沽公路的合同,期限五年,由该公司自行出资,将公路铺筑为炉灰路面,由此也获得了津沽公路运输业务的独家经营权。在 1931 年编撰的《天津志略》“长途汽车”一节中,根据当时河北省建设厅的调查,记录了天津城与周边村镇沟通的公路六条,其中即有津沽路。“津沽路,天津至西大沽,经咸水沽、葛沽,(全长)100 里,(常行驶车辆)10 辆。”这里所说的经常行驶的 10 辆汽车，多数应归属福兴长途汽车公司。

津沽公路这段路较为畅通,但路况并不理想,特别是雨水伏秋,道路被水浸泡的情况时有出现。新中国成立后,路况得到初步改善。作家孙犁的《津门小集》(百花文艺出版社 1962 年版)收入《津沽路上有感》一文。文章说道:“从去年入冬以来,当我每次在灰堆下了公共汽车,走向白塘口乡,在那有十五华里的公路上,是常常想到一些事情的。”孙犁走的路正是这个路段。文章说:“公路的表面,新近又铺上一层炉灰,我们的公路是要越修越远的，我们的桥梁是要越修越宽的。自行车、马车、汽车在公路上连接的竞赛的奔驰而过，我的关于历史的回忆，也就被种种伟大的现实景象所代替了。”这篇文章写于 1956 年 1 月 17 日，它真实地反映了 1955 年、1956 年津沽路的状况。

这个路段曾经过多次改建。清光绪十九年(1893)清廷两次拨银 18500 两加以修建。1935 年天津公务局对全线进行修建，部分路段铺筑炉灰路面。1937 年到 1945 年日本占领天津期间，为战争需要，也多次进行整修中华人民共和国成立后对这条公路进行全面大修，填筑石料，铺设沥青路面，增设里程碑、百米桩，成为天津市重要交通设施。到 1967 年已实现全线路面黑色化。1979 年全国公路普查时定名为津沽公路。为适应国民经济发展，又陆续进行翻修加宽改建。至 1999 年，该路段已成为宽三十余米的通衢大道。

通衢达三江　陆海一线连

——今世海大道

河西区繁荣的基础

河西最早最长的道路海大道(今大沽南路)1930 年街景。

海大道(大沽南路段)是河西区最早的道路，它贯穿整个河西，是河西区南北骨干道路。

近代以来，天津城市逐步扩展，海大道将旧村落连成一线，拉动了海大道(大沽南路段)商贸的繁荣，使这一地区成为河西西岸发展变化最快的区域。

最先兴旺起来的是下瓦房附近。下瓦房泛指大沽南路和琼州道交会处一带，并由此向南北延伸。

下瓦房过去并不出名。相传，清朝初年那一带虽有人烟，却也荒凉，不如稍南一点儿的西楼村、东楼村人口稠密。到了清末，有个姓夏的商人在津南海大道(今大沽南路)西侧盖了

海大道(今大沽南路)洋广货华泰行时帽庄、大有生时帽庄、新鸿云理发馆、春发祥绸缎庄、义发成皮靴庄、德兴恒等。

20世纪三四十年代的特一区营盘路(今九江路)街景。

三间瓦房，卖茶水、小吃，生意兴隆，过往行人多在此打尖休息。人们称那里为“夏家瓦房”，渐渐地“夏”字变为“下”字，“家”字被口语化了，便成了今日的“下瓦房”之称了。

对下瓦房名称中的“下”字还有一种传说，早年间，天津人以旧城为中心，对城东一带习惯称“下边”，此地故有“下瓦房”之称。随着居民增多，逐渐形成聚落，在这里开设了“宝兴和米面庄”“同义当铺”等，使这一带日趋繁荣。1895年被划为德国租界，第一次世界大战后，于1917年被收回，改为特一区。

随着人口密度的增加和商品经济的发展，这里的商业服务业很快延伸至南楼地区。

据说南楼是民国时期才建成的。比利时天主教会圣母圣心会普爱堂投资,在东楼以南的空地建砖窑烧砖,人称“比国窑”。从外地雇来的很多窑工拉家带口在此干活,工头张连祥就负责在砖窑周围盖房供窑工和家属居住,1925年形成村落。因在东楼以南,取名“南楼”。1939年河北省发生水灾,大量难民逃到天津,立足市区困难,只得徘徊在城市边缘,南楼地势较高,就到此搭窝铺居住。窝铺中间自然留出的通道形成胡同,便有了南楼窝铺1~6条、南楼窝铺前街1~4条、南楼窝铺后街1~4条、南楼窝铺实胡同、南楼窝铺新胡同、南楼新窝铺,形成一大片贫民窟。

经济的繁荣有自然和社会的因素,也有交通的因素。这条街作为海大道的一部分,北通市内,南至海下,来往商客和市里市外各方人等汇集于此、途经于此;且又有一批逊清遗老,落魄的军阀政客,一些旧文人也在此购地、建房,一时兴旺起来。从下瓦房至南楼沿街两侧商店相继开张纳客,如澡堂、理发、照相、丧葬、搬运、旅店、戏园、影院、饭馆、茶馆、裁缝等,至20世纪40年代界内海大道两侧商业已初具规模。另外还有大量的小商小贩,共同构成了完善的商业网。商号多,行业分工细,反映了城市的服务范围越来越广,特殊的服务项目越来越多,市场越来越成熟。

鸿起顺是具有近八十年历史的清真餐饮业老字号,地点就在大沽南路的这个地段。1935年夏,河北大厂遭了灾,回民左鸿林、左鸿发兄弟逃荒来到下瓦房,靠打零活维持生活。与他们相邻的窝铺里住着一位从宝坻赶牛来津的汉民李占起,两家便商量合伙做点买卖。他们在现今的大沽路琼州道南侧,租了间十余平方米的土坯门脸儿卖牛羊肉和羊杂碎,随后增添了羊肉水饺、火烧、小菜和清炖、黄焖牛羊肉等清真菜，因这里是通往各地的要道口，加之这一带居住的回民多，买卖日益兴旺。他们给饭馆起名“鸿起顺回民饭馆”。1939 年闹大水，下瓦房这片低洼地难逃厄运，简陋的鸿起顺店铺被洪水冲垮，随之倒闭。洪水过后，左、李两家又在原地搭起了席棚，挂上了保存下来的“鸿起顺回民饭馆”牌匾，开始营业，出售窝头、杂面汤、贴饽饽熬小鱼等，赢得了顾客。日本投降前夕，天津闹起了粮荒，粮价飞涨，百姓为了生存，昼夜排队挨号买杂和面，饭馆没有了粮食，只好停业。抗战胜利后，左、李两家在“鸿起顺”旧址盖起了简陋的土坯门脸，又一次挂上了“鸿起顺回民饭馆”的牌匾。开业后，饭馆继续经营价廉实惠食品，薄利多销，买卖又兴隆起来。后几经挫折，到 1980 年，经过重新扩建，挂上了老字号“鸿起顺”牌匾。2000 年以来，营业额超过亿元，连续六年位居天津市中餐业首位。

十八街麻花

十八街麻花是与狗不理包子、耳朵眼炸糕齐名的“天津小吃三绝”之一。“十八街麻花”正式的品名应是“桂发祥麻花”，其创始人为河北大城人范贵才、范贵林兄弟，1937 年在大沽南路各开了一间门脸麻花店——“贵发祥”和“贵发成”。1956年两店合并，取主要调料“桂花”之“桂”，取代原名“富贵”之“贵”。更名为“桂发祥麻花店”。解放初，东楼一带为六区十八街公所管辖，因麻花店铺坐落于十八街公所的辖区，人们习称“十八街麻花”。1983年，在谦德庄永安道成立了桂发祥麻花公司。其实，“十八街”只是对“六区十八街公所”(天津解放初期区政府派出的行政、公安联合管理机构)的简称，在实际街巷中根本就没有这条街。

南华里副食店则是新中国成立后建起的国营商店。店址在琼州道54号，地处下瓦房繁华地区，营业面积500平方米。经营鱼、肉、蛋、菜、糖果、烟酒、酱素货、干腌、副食调料等12大类，共2700余个品种。1996年营业额497万元，利税34万元。南华里副食商店在20世纪60年代被评为天津市商业战线上的一面红旗。南华里副食店始终坚持为人民服务宗旨，以服务优、态度好、信誉高、商品全为经营目标，先后被评为天津市“七五”“八五”“九五”立功先进集体及市级文明单位、物价计量信得过单位等。1954年至1982年，南华里副食商店连续10次获市级规模集体和2次特等模范集体称号。

1918年为防洪天津修筑了一条南围堤与海大道衔接。1952年围堤修成渣石路，定名围堤道。1954年改修柏油路。

在南楼附近，有一条与海大道近于垂直的路，叫围堤道，此路当形成于民国时期。1917年天津突发大水灾。1918年直隶警察厅长杨以德为防洪自天津三元村向东南修筑了一条南围堤，直接与海大道衔接。1952年兴建西南楼工人新村，将堤埝推平，修成一条渣石路，定名“围堤道”。有人说，大沽南路是河西区发展的纵轴，围堤道则是河西区发展的横轴。今天的围堤道东起大沽南路和尖山路交汇处，中与隆昌路、广东路、白云路、越秀路、友谊路、绍兴道、马场道相交，西至贵州路接吴家窑大街。长2740米，车行道宽38~50米，中有绿化带分隔快、慢车行道。两侧人行道各宽4.5米。沥青路面。东西两端为南楼、佟楼商业区，有南楼百货商场、佟楼百货商场。两侧有市水利局、市公路局、市汽车销售总公司、市房地产交易大厦、市儿童医院、宝钢北方大厦、钢管宾馆、河西区文化馆、北方金融大厦、华盛广场等高层建筑。

有了“纵轴”又有了“横轴”，“纵轴”与“横轴”交相呼应，为河西区的兴旺发达提供了更大的便利。

河西区发展的依托

1860 年天津被迫开埠，遂成为京畿地区吸纳工业文明的首善之区。海河西岸的海大道(大沽南路)与海河并行且毗邻，水路交通便利,早年多坑塘荒地。得天独厚的条件使得这里成为天津民族工业最为集中的区域。

大沽南路以东、海河以西是天津南部的纺织工业带,也是天津纺织工业主要发祥地之一。20 世纪初建起的“裕元”“北洋”以及后来的“上海纱厂”等大型纺织企业,中华人民共和国成立后,分别为棉纺二厂、棉纺六厂、棉纺四厂,为天津纺织规模最大、生产能力最强的大型企业,与海河对岸的棉纺一厂、棉纺三厂、棉纺五厂及河北的中纺七厂等,构成中国北方强有力的纺织工业群体。

大沽南路一带还诞生了一个为中国创汇达一个多世纪的地毯工业。先是先农公司在德租界大沽路建立的洗毛厂,用机械洗整羊毛。其西南方又建有武齐洗毛厂。小刘庄、三义庄、谦德庄、马场道以南区域的众多家庭妇女都在家手纺毛线,为地毯工业提供原料。到 1916 年天津已有地毯厂 13 家,纺机 398 架,而后快速发展。到 1926 年天津地毯出口占全国地毯出口额的 79.4%，产量大、质量优、够规模的地毯厂绝大部分集中在这一地区。

有人说："河西是天津地毯业的大本营，创造并引领了中国地毯的现代工艺。"天津地毯从 1915 年巴拿马博览会首次获奖到 1986 年一直保持着国内外最高奖项，人民大会堂各厅室几万平方米地毯全部是天津制造的。广州火车站大厅超大型地毯也是天津制造。日本家庭以铺设天津地毯为荣耀。天津地毯出口商标统一为"风船牌"，"风船"仿佛告诉人们天津地毯走向世界的成功。

挂在联合国总部的天津挂毯《长城》最能体现大国工匠的才华与技艺。尹树鹏先生《天津地毯业获国家金质奖最多的企业——天津地毯二厂创业简述》称：1972 年天津接到了为中华人民共和国加入联合国制作纪念挂毯的任务，当时在中央以上海帮为主力的"四人帮"成员在中国政治舞台上有很大的势力，上海作为艺术品制定的首选地，天津则作为备选地，俗称 AB 角。为联合国制作礼品是件大事，得需中央顶层拍板定夺，当津沪两市将设计样品送至中央时，意见不一。最后经毛主席同意，天津报送的长城壁毯被选定。由当时任地毯工业公司技术科科长的李临潘牵头进行画面设计，由二厂的刘永福画出毯稿，集中二厂众多优秀工人及从三厂临时抽调的陈占贵参与，共同精心制作完成。它长 10 米，宽 5 米，重 250 公斤。在丝光般墨绿色基调的高密度栽绒毯面上，充分体现出天津几位顶级地毯工艺大师在画稿设计、毯稿放大、编线砍头、人工剪裁等方面的高超技艺。依照毯面图案的明暗需要，用手工剪切出的凹凸纹路，使毯面图案有活生生的立体感。如见层峦叠嶂而又苍翠绵延无际的群山之中，一条气势雄伟的长城蜿蜒其间。立体感造成的视觉效果仿佛是从天空在鸟瞰我们的长城。真实地呈现了“望长城内外惟余莽莽”的气魄。B角取代了A角,为天津地毯工人争得了崇高的荣誉,也使地毯二厂从此闻名遐迩。

除轻纺工业外,机械工业、制鞋工业、化学工业、橡胶工业等在这一带也相继发展起来,主要厂家有新兴钢厂、华北化工厂、惠福木器制造厂、公裕化工厂、联华橡胶厂、渤海化工厂、大明钢厂、同华茂铁工厂、大成五金机械厂、仁立蛋厂等。1953年开始实施第一个五年计划,天津市决定在陈塘庄铁路以南及土城一带建设整片新兴工业区。而后大批私营企业经合营改造陆续迁入此地。到1957年陈塘庄土城工业区已初具规模。1958年,该地区快速发展,一大批新型的重工业工厂建成。形成了以大中型企业为主,门类齐全并附带仓储的大型工业区。主要有:天津第四造纸厂、天津无缝钢管厂、天津感光材料厂、天津焊条厂、天津工具厂、天津渤海无线电厂、天津第二冶金机械厂、天津真美电声器材公司、木材二厂、木器三厂等。这个发展历程使河西区成为天津南部工厂最集中、门类最齐全、技术最先进、经济贡献最大的区域之一。

21世纪初,随着经济体制改革的深入、工业布局的调整,一些新兴产业兴起。据2002年出版的《天津名街名镇》一书,仅河西区尖山街道范围内就有各类企事业及行政单位三百多个。其中有天津市商业对外储运公司、天津光电通信公司、天津广播器材公司、天津远洋玻璃有限公司、天津公交二公司、天津复印设备公司等市属大中型企业210多家。另外还有天津奥的斯电梯有限公司、天津本田摩托公司、三星电机公司、天津佳能公司、华冠车辆配件公司、天津宝洁公司、双安防护

德租界码头

用品有限公司等十多家合资企业，涉及美国、韩国、日本等多个国家和地区。

2008年，根据《市内六区土地平衡项目试点暂行办法》，陈塘庄工业区规划为“陈塘科技文化园”。2009年更名为“天津陈塘科技商务区”，使这一区域成为河西区重点打造的“八大功能区”之一。商务区总占地面积2.78平方公里，由微山路、珠江道、城市景观带、郁江道等合围而成，总规划建筑面积491平方米，预计总投资近400亿元。商务区以“总部基地、北方高技术服务核心区和天津文化传播中心”为产业定位，按照“3+1”发展模式，重点发展高技术服务业、高技术楼宇工业、文化创意产业和总部基地。这是天津中心区唯一一片较为完整保留下来的升级换代的工业区。

大沽南路从复兴门到外环线还是天津著名的学苑区，有天津市高中示范校——北师大天津附中、天津科技大学、天津财经大学、天津职业技术师范大学等。天津财经大学建于1958年，是新中国最早建立的五所财经院校之一，现址在河西区珠江道。该校经过50年的建设和发展，现已成为一所以应用经济学科和工商管理学科为主,兼有法学、理学、工学、文学和教育学科的综合性财经大学,天津市属重点大学,中国北方培养高级经济管理人才的重要基地。

海河后五公里

2012年，继“海河上游14.8公里文化带”综合开发改造之后，天津中心城区最后一段海河即“海河后五公里”开发进入实质阶段。这“海河最后五公里”便处在昔日海大道(大沽南路南段和津沽公路北段)的一端，这里与河西区的建设、人文与生态息息相关。

海河后五公里项目地处中心城区与滨海新区核心区之间的海河发展轴上，规划建设为城市副中心。规划总用地达14.5平方公里，东起外环线，西至昆仑路，南起大沽南路，北至津塘路，是海河上游42平方公里范围内面积最大的可建设区域。海河上游后五公里海河新城项目规划定位为面向国际，以商务会展、商业娱乐、创智产业及休闲居住(国际社区)于一体的，集中展现天津大气、洋气城市形象的生态型城市副中心。规划布局为“一带七区”。结合地区内的绿化景观、亲水堤岸和特色建筑的建设，使之成为具有明显欧式风貌特征的生态副中心，集中体现天津中西合璧的滨水城市风貌。

后五公里有很大的价值空间。有的学者认为，离市区较远，土地资源充沛，纵横开发空间较大，成本较小，可以使各种项目做足。原有的水面两岸护坡及原有工业区的设施可以改造利用。从历史和区位角度考虑它可和原德租界延伸范围衔接,建成欧式景观顺理成章。因其上有德租界,它可以建成一种让各国游人都留恋的建筑景观风貌区。从现代社会的发展来看，现代人工作节奏快，欧式景观更能满足他们的休闲心理。欧式冷凉型的景观可降低天津炎热气候的负面作用。该处可建立各种大型会所、休闲娱乐场所。它距市中心的距离更为合适。

海河是天津的母亲河，它哺育了天津人民，成就了天津市,是天津的生存命脉和文化命脉。这体现了海河的两大根本功能:实用性和文化性。实用性表现在生产生活层面,文化性表现在精神层面。整个海河两岸的开发,不管是哪一段,其主要任务,都要体现它的两种功能——生态功能和文化功能。

关于生态功能，后五公里的开发方案中已有关注——既有绿化带,又有景观植物的设计。有的学者建议,在海河两岸从五公里直到下游入海口,规模建设成片,连续的“华北生态植物带”,将海河两岸植物带建设成一个能整体展示华北生态群落特征的开发式自然主题园林带，建设成一种可供当地人与游客深入体验式的华北生态博物馆,使之成为华北植物、动物基因库、华北生态环境研究基地,全国性的生态科学国民教育基地。

培育、强化工业文化,把工业遗存和文化遗产转化为海河景观建设、文化建设的物化及符号因素,从而赋予海河景观地方性的文化标识和超越性的象征意义，这是许多专家学者的共识。

随着工业东移,原有的厂房、码头、工人新村已不存在,但百年来留存下来的文化底蕴仍在，民风豪爽、朴实、勤奋的特性决定了该地区文化与其他地区文化的差异。加之近年来开发开放的力度不断增强，使得发掘该地区人文历史的紧迫感更为强烈。因此，借海河上游后五公里规划建设的东风，打造具有时代特色的海河景观文化就显得尤为重要。

有的学者建议说：海河上游后五公里景观文化建设，要突出中国特色与天津特色，特别是该地区的文化特色。为此，要体现出民族、大众、民俗等特性。这里曾是天津重工业和轻纺工业的摇篮，因而，在规划设计时，一定要突出这一特点。否则极易形成建筑风格、树木植被千篇一律的问题。要根据新的产业布局、基础设施布局和建筑风格等情况，科学、合理地安排一些文化设施。

有学者呼吁，对于陈塘庄、灰堆地区老厂房不要一律都拆掉，要认真考察，保护有价值的工业文化遗产，利用老厂房，聚集新型产业，搞河西“六号院”，一举多得。现在河西区正在建陈塘庄商务科技区，建议搞一个陈塘庄商务科技区的历史展馆，展示陈塘地区深厚的历史文化底蕴，特别是要展示陈塘作为天津工业发源地之一、作为津浦铁路起点的百年历史，对拆掉的重要的工业文化遗产，要留有痕迹，可以在新建筑旁立一个碑或立一个牌子，说明此地的历史。

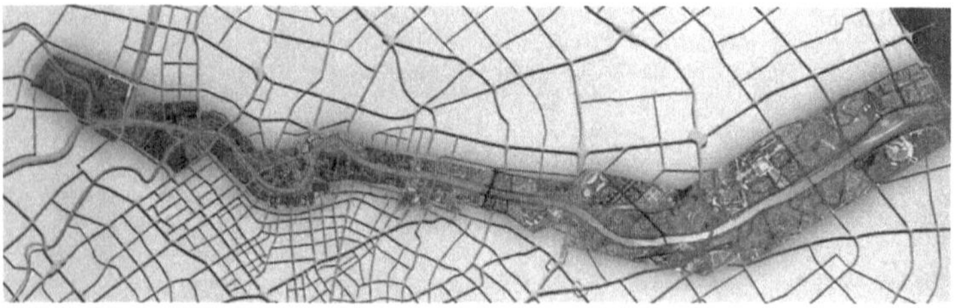

海河综合开发实施

海河后五公里处的右岸（南岸），是著名的河西区柳林。1902年，这一段海河裁弯取直后，在河岸种植了大片柳树护堤，俗称“大河堤树林”。20世纪五六十年代，改称柳林。20世纪80年代，辟为风景区，建柳林公园，以柳趣、野味取胜，融人工、自然于一体。有各类乔木、灌木、藤木、果木等近万株。公园小品有群鹿争戏、猛虎出山、蛇缠枯木、牧童短笛等，以假乱真，与野兔、刺猬等野生动物共于一处，野趣无穷。并建有仿古的多处亭、轩和长达660米的曲回长廊。对此，有人建议对柳林及其公园进行提升改造。在河岸加种杨柳，在柳林公园增加人文元素。人文雕塑要具有浪漫性、时尚性、开放性。在大园之中，要营造多个私密性强的小园、小圃等，使其成为人们休闲和年轻人谈情说爱的魅力场所。

也有学者提出，梁思成先生认为“中国的建筑形式，既不可任由各国工程师随意建造，又不能用纯粹中国旧式房屋牵强附会”。在这种情况下，天津出现了少量“大屋顶”的建筑，柳林疗养院的建筑就是在这样背景下产生的。这些建筑的时间虽然相对较短，但也经受了近六十年的时间检验，越来越体现出其历史人文价值。“大屋顶”是特殊历史时期的产物，历时极短，数量不多，作为20世纪建筑遗产的重要组成部分，目前已受到建筑学界和文化遗产保护界的极大重视。“大屋顶”在天津保留极少，有的也已被列入天津市历史风貌建筑予以保护（现北马路长征医院老建筑）。对柳林疗养院的“大屋顶”，建议也能够结合规划实际予以适当的保护利用。

还有学者提出将柳墅行宫异地重建问题。柳墅行宫是清代皇帝巡幸驻跸之所，原址在今河东区天津市第一热电厂一带。由于灭失较早踪迹无存，又受区域规划的局限，原址恢复柳墅行宫的可能性已经没有。因此建议,结合柳林公园的规划建设,全部或局部恢复柳墅行宫,将该公园打造成皇家主题的休闲公园。既不影响公园的功能定位,又能彰显天津文化的深厚底蕴。两部《长芦盐法志》中都附有“柳墅行宫图”,这为我们复建提供了可能。

皇船坞与柳墅行宫一样,都与清代皇帝巡幸相关(其裁撤年代恐怕十分接近)。在柳林公园复建柳墅行宫的同时,可将皇船坞移建到岸边,作为游船码头使用。皇家的园林配上皇家的码头,可谓天造地设,各得其所。

上河圈与下河圈位于河西区复兴河与海河交汇处附近,这里目前已建起3.2万平方米的下河圈公园。有人建议在现有基础上进行提升改造,使之成为哪吒主题公园。

哪吒闹海故事在中国影响深远,天津陈塘庄和上河圈、下河圈一带,是这个故事最重要传承地之一。“哪吒闹海”是一个美丽的民间传说,但世代相传而浸入天津人的心头。民间传说中李靖和哪吒都是天津人，陈塘庄就是托塔天王镇守的陈塘关，上河圈与下河圈是哪吒的两个风火轮变的。另据学者考证,吴承恩早年曾经来天津采风,接触过天津流传的哪吒闹海故事,并将其写进《西游记》。因此天津的陈塘庄、望海楼、小宜门口等地名,都可以在小说中对号入座。在天津的传说里,李靖手里能收妖魔、镇鬼煞的宝塔也有特殊含义——天津是退海之地,位于九河下梢,而古代河道拐弯处水流变化,常要修建宝塔以吸引水手注意,保护船只航行安全。另据史志记载,陈塘庄街曾有一座哪吒行宫,供奉哪吒和托塔天王李靖神像。天津龙狮运动协会,20世纪80年代还排练过《哪吒闹海陈塘关》武高跷节目,可见该传说影响之深远。

天津是哪吒闹海故事重要的原发地，具有强大的文化辐射力和研究价值，又为民众所喜闻乐见。目前有关部门正积极搜集资料，准备将其申报为天津市文化遗产。因此建设哪吒主题公园，对增强海河后五公里地区乃至整个天津的文化软实力都有着重要意义。

海河后五公里的开发与建设，是天津市城市规划和发展的一件大事，对历史负责、对未来负责，已成为社会各界人们的共识。

海河垂钓

天津大道——金带福路

连接中心市区和滨海新区的公路，在继续使用和维护先前的津沽公路的同时，2010 年又修成一条快速客运道路——天津大道。其走向与津沽公路大体一致，但多取直线，与津沽公路路线相比，更加笔直，极少弯道。

天津大道的起点在大沽南路与外环线交口即津沽桥，终

1990 年，欧亚大陆桥过境运输首批专列由天津港集装箱码头驶出。

点为滨海新区的中央大道,全长36.2公里,双向8车道,道路红线宽度47至63米,设计时速80公里。总投资81亿元。天津大道工程土方量达1000万方,路桥建设规模165万平方米,沥青砼总量67万吨,绿化建设规模300万平方米,苗木栽植总量达300多万株。

天津大道是天津市唯一以城市名称命名的市政工程,对实施“双城双港”战略,推动三个层面联动协调发展都具有重要意义。天津大道于2008年12月开工建设,2010年10月竣工通车。途径天津市津南区的双港镇、辛庄镇、咸水沽镇、双桥河镇、葛沽镇、冶金工业园,连接中心城区的小白楼商业区和滨海新区的中心商务商业区,道路等级为城市快速路。通过天津大道,从市区至滨海新区只需30分钟左右即可到达。

天津大道是本市首条快速客运通道,其指示系统对某一地点或出口采取了三次提示,像“海河教育园区”,在距离0.5公里时会提示一次,距离0.3公里时第二次提示,在出口时将第三次提示,因此对第一次走天津大道,即使对目的地不熟悉,只要看清路标就不会走错。

天津大道在白万公路(辛庄镇)、“海河教育园区”东沽路(咸水沽镇)、四里沽路、双桥河镇、葛万公路(葛沽镇)、九大公路等设置了出口,方便周边地区的车辆就近出入。与蓟汕联络线、长深高速公路、海滨高速公路相交,大大延伸了天津的臂膀,沟通了京津冀,使得处在渤海经济圈交汇点上的天津在交通运输上愈加通畅便捷。

“一带一路”的核心内容就是要促进基础设施建设和互联互通,对接各国政策和发展战略,以便深化务实合作,促进协调联动发展,实现共同繁荣。天津大道上通中国腹地,下通中国北方重要的综合性港口和对外贸易口岸——天津港。天津港是在淤泥质浅滩上挖海建港、吹填造陆建成的世界航道等级最高的人工深水港，主航道水深达21米，可满足30万吨级原油船舶和国际上最先进的集装箱船进出港。天津大道的开通，无论是从陆路还是海陆上，都为各国在经济、文化等领域的合作开辟了空间，创造了机遇。

昔日之海河叠道，今日之天津大道。抚今追昔，津沽海大道真可谓通向光明的金带福路。

繁忙的天津港码头

附　录

请修海河叠道议

清·陈弘谋

议得直省地方为诸河所汇归，众流之奔赴，每遇汛期随处涨满，汛过水落，积水停注，本年之秋禾既已不保，次年之麦豆更无种期。凡系积水之区，竟有一年水灾沿至数年不能涸出，目击情形实可悯恻。屡奉宪檄指明，饬行各属尽力宣泄积水，以为夏秋种植之计。仰见宪台正本澄源，培养生民之至计，先经本道于汛后即已通行府厅印各官，无论官堤、民堤，凡可泄水即许开放，报明立案，限期堵筑，曾据各属将开泄情由申报。近奉宪檄，又复行令将旧开之口再加宽深，未开者亦即补开，已陆续将开泄情由通报在案。惟有一二地本洼下者，即使开堤亦止能流及内外相平而止，宜通盘筹画，预期办理，以期将来免于泛涨耳。如天津近城西南一带，地最洼下，每遇大雨积水难消，又西界则有运河漫水，东界则有海河漫水灌注洼中，水一入洼，难于宣泄，长年不涸，种植难施。追溯从前，雍正三年之水直至雍正五六年方得一涸，雍正九年之水直至雍正十一年方得一涸，播种既难，收获无望。此一带接连静海，约有数百村庄，民生凋敝日甚一日，连年叠荷皇仁加倍赈恤，仅免饥弊，终难起色。职此之故，本道于正月内亲往查勘，熟察情形，并询舆论，此一带地土周遭将及数百里，大概西界则防运河之水，东界则防海河之水，上年运河幸无漫溢，西水不泛而海河河岸业已过水，东水又已灌入洼中，已行令天津县于旧有沟渠而外又多挖沟渠，令其畅流归河，然开挖太深，夏间潮涌又不免海水西灌矣。查海河西岸自东门外起至咸水沽止，旧有民埝一道，以堵海河之水，而日久坍卸。上年汛涨，民间亦曾合力堵筑，迨后水长过深，绵亘数十里皆已过水，仓卒之间难以堵筑，终且听其泛溢矣。今若督令小民照例培筑此埝，诚恐连被灾伤之民，难以兴此大工，而民间所筑虚松之土，不久又复坍卸，于事无益。

查自天津东门外起至咸水沽，原有叠道均离河岸不远，此道为往来大沽、新城旗民商贾往来之通衢，向系官商捐输修筑，以便行人，迄今久已坍御，每遇夏秋车马均不能行。本道愚见，与其沿河加筑旧埝，莫若仍照遥堤之义培此叠道，无者筑之，坏者补之，总以高七尺，顶宽二丈，底宽六丈，其工费较之沿河堤埝直截省便，而此沿河一带又皆民间种植菜园，素称美产，若于沿河加筑大堤，则刨挖所及不无偏累，总不如加培叠道以为遥堤，既便行人又可堵水，取土亦易。其应开引河除旧有外，竟可开至七八道，沿河建立草闸木板，潮汛来时下板闭之，潮汛退后去板泄之，庶运河之水不复西来，海河之水亦不东注，洼内之积水则有八道引河到处宣泄，每年多消出尺寸之土，小民即多种无数之田，此一带极贫之民或者将有起色也。至所需加培叠道，自天津城至咸水沽止，长五十一里，连建桥立闸约需银二万四、五千两，其开通此河原系旧有深港，止须略加疏浚，无须多就。全直而论，天津一邑之水利不应动帑二万余两，而就天津而论，此一事实关全邑之贫富，连年被灾给赈，亦惟此一带众多，不得不仰请宪台主持举行，以苏此方之困者也。伏乞宪台一面题奏，一面委员会同地方官估计册报所有应开引河。据前委测量地形之经制外委魏振时，赵贵、额外外委魏龙前往勘丈，请于贺家口旧小河并官庄后小河均应挑挖宽深，大任家庄至李家庄旧古泥河挑挖，并开通小王家庄、埑子、灰堆至双港，并双港南各有旧田沟一道，挑挖深通白塘口旧河一道，应行挑宽咸水沽东旧河一道，应行疏通并开通翟家甸东西埑子一道，甸南埑子一道，以泄积水均归海河。而现在天津县遵奉宪檄多开引河，又有二十道。查此引河原为泄水起见，既可泄水正自不妨稍多，应行令委员会同地方官再为确看，将应开引河、应建闸座、应开涵洞、应建桥座之处，一并估计详报，合亟详请宪台俯赐另案先行题明，以便檄行该地方官估计兴修，实为永便。再，前项叠道、沟河工价自应一并定议，查沟河现俱积水，挖土一方应照代赈例给银三分九厘，系水中捞泥，再照泥泞例加银二分，每方共约银五分九厘，至修筑叠道既防河水，又便行旅，原系一举两用，如照代赈工程不加夯硪，断难经久，应请依岁修之例每土一方连夯硪给银一钱三分六厘六毫，庶价足工坚，永资捍御。谨绘图贴说申送，统候宪鉴施行。

（《天津府志》卷之三十五）

重修海河叠道记

清·朱奎扬

天津一区，相传为九河下梢，陈迹莫考。然河间为九河故道，而天津正当下冲，《禹贡》所称“同为逆河入于海”者是也。今地势洼下，半似河形，水发之年受淹偏重，而城西南一带更同仰釜，接壤静邑周遭数百里，左界海河，右联南运，每当雨水、汛水交发，运河东决，海河西漫，入易出难，甚者历数岁不涸，地势厄而人功塞，民之困于水患久矣。

观察陈公莅津以来，悯斯邦之频涝，而南洼竟成泽国，酌民情，审地局，自城东迤南至咸水沽旧有官商捐输修筑之叠道，绵长五十余里，为往来新城、大沽通衢，年远坍废，久成弃壤。进奎扬而告之曰：“此一方之保障也，捍患济行，全功在兹。”值制河两部院檄疏积水，公即以修筑叠道并开新旧引河、建桥闸、资启闭为请。报可。饬议间，而吏科给事中马公奉命过漕，目击斯道为通邑之关键，恺切陈奏，复经制河两部院会议，力请举行。钦蒙圣天子轸念民生，悉从廷议，发帑兴修。转圜之易，今读两部院会议一疏，以及巡漕章奏，与观察原议各条，兴事利民，何其不谋而合也，事固挠于立异，而成于大同，不信然哉！

奎扬承乏是役，估需帑银三万二千三百九十两零，计修筑叠道自城东起至咸水沽以下茶棚止，长九千六百五十丈，泄水处开设涵洞跨以木桥，并疏挖贺家口等新旧大小引河六道，修筑白塘口已损石闸一座，重建咸水沽大板桥一座，添设贺家口、何家圈、双港木桥各一座，兴工于己未秋九月上浣，期成于庚申之春，其茶棚以下直抵新城并大沽海口之道，观察陈公复议设法修垫，劝捐继筑，一时官商踊跃从事，大害既去，纤利不遗。思异时袯襫荷锄，出作入息之区，即今之汪洋浩淼、一望千顷者也；异时坦坦周行，车驰马聚之场，即今之崎岖残缺、致叹路难者也。古有以苏名堤，以召名镇，功施到今，民勿忘焉，则津民他日享利泽于无疆，而溯厥由来者其谓之何？

鸠工伊始，邑志适成，经久规模，不得不先授剞劂，昭示来兹也。于是乎记。

（《天津府志》卷之三十五）

参考书目

1.《乾隆天津县志》,清乾隆四年(1739)刻本。

2.《津门保甲图说》,清道光十年(1846)刻本。

3.《重修天津府志》,清同治九年(1870)重刻本。

4. 高凌雯:《天津县新志》,1931 年刻本。

5. 华鼎元辑、张仲点校《梓里联珠集》,天津古籍出版社,1980 年。

6. 天津社会科学院历史研究所《天津简史》编写组编著:《天津简史》,天津人民出版社,1987 年。

7. 来新夏编:《天津近代史》,南开大学出版社,1987 年。

8. 郭蕴静主编、涂宗涛副主编:《天津城市发展史》,天津古籍出版社,1989 年。

9. 刘鉴唐、焦玮主编:《津门谈古》(一),百花文艺出版社,1991 年。

10. 天津市地方志编修委员会《天津之最》课题组:《天津之最》第二辑,中国铁路出版社,1991 年。

11. 塘沽区地名志编纂委员会编:《天津市地名志·塘沽区》,天津人民出版社,1994 年。

12. 河西区地名志编纂委员会编:《天津市地名志·河西区》,天津人民出版社,1994 年。

13. 尚克强、刘海岩主编:《天津租界社会研究》,天津人民出版社,1996 年。

14. 津南区地名志编纂委员会编:《天津市地名志·津南区》,天津人民出版社,1996 年。

15. 和平区地名志编纂委员会编:《天津市地名志·和平区》,天津人民出版社,1998 年。

16. 郭凤岐主编:《海河风物带》,天津社会科学院出版社,2003 年。

17. 张惯文主编:《天津名街名镇》,天津社会科学院出版社,2002 年。

18. 张利民主编:《解读天津六百年》,天津社会科学院出版社,2003 年。

19. 谭汝为编著:《天津地名文化》,天津古籍出版社,2005 年。

20. 贾长华主编:《海河流津沽》,百花文艺出版社,2005 年。

21. 中国人民政治协商会议天津市文史资料委员会编:《中国历史文化名城——天津》,天津人民出版社,2005 年。

22. 贾长华主编:《图说滨海》,天津古籍出版社,2008 年。

23. 卞僧慧著:《天津史志研究文集》,天津古籍出版社,2011 年。

24. 刘景周著:《沽帆远影》,天津古籍出版社,2014 年。

25. 鲍国之主编:《古镇葛沽》,天津古籍出版社,2014 年。

26. 陈克著:《东鳞西爪天津卫》,天津大学出版社,2015

年。

27. 鲍国之主编:《津南古镇咸水沽》,天津社会科学院出版社,2015 年。

28. 孙爱霞编:《三津谭往 2015》,天津社会科学院出版社,2016 年。

29. 郭登浩编:《天津县乡土志辑略》,天津古籍出版社,2016 年。

30. 李炜著:《都市镜像——近代日本文学的天津书写》,天津古籍出版社,2016 年。